"Cuando la pasión te impulsa, sientes la obligación de compartirla. Yo me convertí en instructor certificado de vuelo profesional hace 22 años porque supe que tenía que compartir este increíble don de volar. La aviación continúa devolviendo con crecer lo que se da. El ver y sentir el aura de los estudiantes que uno ha entrenado y que lograron volar por sí solos un avión, es inmensamente gratificante como instructor.

Yo conocí a Jackie cuando asistí al evento en el que mi esposa y yo anunciábamos la publicidad de nuestra escuela de vuelo. Ella y su marido habían reservado un vuelo de descubrimiento con el deseo de experimentarlo. Es ahí cuando la idea de volar captó el interés de Jackie. Algunas semanas después ella me llamó para compartir su epifanía en la que ella se convertía en una pilotina. ¡Y lo logró! Cuando la mente y el corazón son estimulados por la pasión de lograr algo nada los puede detener. Ahora Jackie difunde la aviación donde sea que ella vaya. Ella comprendió cómo la aeronáutica puede cambiar la vida de las personas. La pasión que tiene Jackie por la aviación la está impulsando a cultivar la semilla en otros.

En este libro Jackie ha reunido una increíble variedad de mujeres latinas que comparten una increíble pasión por la aviación. En sus historias percibirás esta pasión y quizás te inspiren a iniciar tu propia trayectoria en el increíble mundo de la aviación".

—**David Spano,** Escuela SimplyFLY

"Este es el momento propicio para este libro. Lo que Estados Unidos necesita actualmente es promover que los dreamers sueñen en grande y que alcancen sus metas. La gran Jacqueline Ruiz lo logra impulsando a sus lectores con sueños y esperanza a través de *Latinas en la Aviación*.

Siendo veterano jubilado desde hace 30 años de la Administración Federal de Aviación, viví para servir a los pilotos que hacen posible la operación del mundo de la aviación. Este libro, *Latinas en la Aviación*, revela la gran determinación y el impulso con el que estas mujeres alcanzan sus sueños sin desanimarse.

Ruiz ha escrito un libro sobre dos de mis temas favoritos: la familia y la aviación. Incluso, si se suspendieran las operaciones de aviación en los próximos años hasta que haya una vacuna contra el Covid-19 que ayude a extinguir esta pandemia, seguiremos enfrentando un problema, la escasez de pilotos. Vamos a requerir más latinas que se pongan los auriculares y presionen al máximo el acelerador".

—Robert James Allen, Sr. Rochester, New York

Latinas en la AVIACIÓN

Historias de pasión, poder y éxito en la industria de la aviación

JACQUELINE S. RUIZ

Latinas en la AVIACIÓN

Este libro es una recopilación de historias de varias mujeres que comparten y contribuyen en forma individual con los capítulos que están diseñados para inspirar a nuestros lectores. Si bien los editores y autores han hecho sus mayores esfuerzos para tener este libro listo para su fecha de impresión, ellos no se hacen responsables por las garantías o representaciones relativas a la exactitud de su contenido.

A los fines de su comercialización, el publicista y los/las autores/as no se hacen responsable por ningún tipo de interpretación psicológica, legal, contable, o en materia de asesoramiento profesional relativo al contenido. El contenido y las opiniones que se proporcionan en cada capítulo son expresiones exclusivas del autor y no representan necesariamente el punto de vista de Fig Factor Media, LLC.

Para más información, comuníquese con:

Jacqueline S. Ruiz
Fig Factor Media, LLC | www.figfactormedia.com

JJR Marketing, Inc. | www.jjrmarketing.com
Latinas in Aviation | www.latinasinaviation.com

Diseño de tapa e interiores: Juan Pablo Ruiz
Impreso en Estados Unidos de Norteamérica

ISBN: 978-1-952779-58-9

Este libro está dedicado a las jóvenes
latinas que sueñan con convertirse
en pilotos y líderes del mundo de la
aviación.

¡Sueñen y lleguen al cielo!

TABLA DE CONTENIDO:

Reconocimientos

Este libro no hubiese sido posible sin la cooperación y el apoyo de muchas personas.

Ante todo mi marido, **Juan Pablo**, quien me acompañó en mi recorrido y me sorprendió con mi primer par de auriculares de aviación. Deseo agradecerle por su participación en la dirección creativa de este proyecto.

... y a mis hijos, **Guiliana y Leo**, que me animaron durante las frustrantes sesiones de entrenamiento y los bruscos aterrizajes con sus palabras alentadoras:

"Está bien mamá, puedes intentarlo de nuevo mañana".

Mi agradecimiento a **David Spano** de la escuela de vuelo SimplyFLY, quien con sus 40 años de experiencia y pasión por la aviación me inspiró a lanzarme a esta aventura y animarme a escribir el libro.

Y a mis increíbles instructores de vuelo **Tony Sabos** y **Pete Taylor** que me alentaron a que me lanzara a lugares que ni yo sabía que existían; y a **Alan Zielinski**, quien no solamente es un gran inspector de la Administración Federal de Aviación, y quien me otorgó mi licencia, sino que me ha brindado su amistad y apoyo en todos mis esfuerzos.

A todos mis pasajeros del **pasado, presente y futuro**... incluido mi osito de peluche Amelia, que me ha acompañado desde el inicio hasta hoy... ¡Espero que juntos podamos seguir alcanzando metas!

Finalmente, quisiera agradecerle a la editora, **Karen Dix**, que me ayudó a transformar y dar vida a estas historias, y a **Gaby Hernández- Franch**, nuestra dedicada autora y asistente, y a **todas las autoras** que forman parte de este libro por haber compartido con gusto sus historias mostrando valentía en un industria donde las mujeres, especialmente las latinas, no han sido suficientemente reconocidas. La valentía con la que enfrentan la adversidad y el miedo me inspiran día a día.

-Jacqueline S. Ruiz

INTRODUCCIÓN

Querida Aviación:

Nunca pensé que llegarías a cambiar mi vida, pero eso es justo lo que has hecho.

Cuando entré a la escuela de vuelo aquel día de verano del 2015, yo iba con la idea de presentar estrategias para generar conciencia de la marca SimplyFly como consultora de marketing. Pero al llegar me dieron la oportunidad de experimentar un vuelo de descubrimiento… y me sentí hipnotizada con la idea. ¡Desde entonces he estado hechizada con la aviación!

Nada se compara con la emoción que uno siente al elevarse hacia el cielo y tener esa vista tan extraordinaria del paisaje que ofrece. Me causa un entusiasmo inmenso que me enciende el corazón.

El día que recibí mi licencia de piloto deportivo sentí una entrañable unión con la aviación. Ese momento ha sido uno de los momentos más gratificantes de mi vida. Desde mi cuenta de Intagram hasta mi coche deportivo (Roadster) personalizado… tú me has dado una nueva identidad como @Pilotina —nombre con el que soy reconocida mundialmente.

Lo primero que descubrí fue que muy pocas mujeres, especialmente las latinas, conocen la maravilla que tu ofreces. Solamente un seis por ciento de mujeres son pilotos y menor aún es el porcentaje de latinas que en la actualidad alcanza solo el uno por ciento en los Estados Unidos de Norteamérica.

¿Por qué es eso? Las historias que cuentan aquellas que te aman, como yo, nos dan la respuesta. Las mujeres cuyas historias están plasmadas en están páginas lograron traspasar barreras, transgredido la tradición y perseveraron a pesar de los muchos sufrimientos emocionales, financieros y físicos que afrontaron para unirse a ti, respondiendo al llamado con el corazón abierto. Tú las has aclamado y ellas han respondido con entusiasmo a pesar de las adversidades.

Justo como yo inspiro a empresarias latinas con mi exitosa serie de libros *"Today's Inspired Latina"*. Espero que esta única antología cambie la vida de las autoras, así como la vida de todos aquellos que lo lean.

Querida Aviación, con este libro te doy las gracias por todo lo que ofreces y agradezco a todas las latinas que abrieron el paso hacia tu gloria, así como a aquellas que anhelen sentirla.

-Jacqueline S. Ruiz

EVELYN R. MIRALLES

Vicepresidente asociado de UHCL+ Ex Ingeniera Jefe de la NASA +

BBC 100 Mujeres del Mundo + 2xCNET + Oradora + Consultora

Tener la habilidad de volar y adquirir la destreza necesaria para ser piloto son características únicas generalmente atribuidas incluso hoy en día a los hombres. A pesar de ser una mujer joven latina tuve el valor de estudiar ingeniería informática y aprender del área aeroespacial en un momento en el que muy pocas mujeres lo hacían.

Llevo más de 27 años de mi vida profesional dedicados al aprendizaje y al apoyo de misiones de exploración de vuelos espaciales tripulados. Finalmente, mi arduo trabajo concluyó con entrenar astronautas estadounidenses y extranjeros en la NASA entre 1992 y 2019 para realizar una de las misiones más peligrosas del mundo: la Caminata Espacial. Gracias a mi determinación y a la dedicación a mi trabajo, tuve el privilegio de crear las herramientas necesarias disponibles mediante la tecnología de realidad virtual para ayudar a entrenar a valientes hombres y mujeres que vuelan al espacio para cumplir con misiones aparentemente imposibles que son parte de los programas del Transbordador Espacial y la Estación Espacial International.

Con el tiempo se me hizo obvio que el conocimiento que había adquirido a través de los años era solo un indicio de la mitad de las metas que deseaba alcanzar. Me di cuenta de que mi arduo trabajo y las tantas horas de aprendizaje y perfeccionamiento se perderían en el espacio si no lo compartía o si no lograba inspirar a otros.

Fue en el momento en el que logré conectar "el conocimiento con el dar" que conocí a la autora de los libros de la serie *Today's Inspired Latina* y *Today's Inspired Young Latina*, Jacqueline Camacho-Ruiz, en un viaje a la Ciudad de Nueva York para asistir al evento Nacional Hispano. Su personalidad y pasión por la aviación cautivaron mi atención y me motivaron a aprender más. Ella es una de las pocas latinas de este país que apoya a mujeres jóvenes pilotos y las alienta a perseguir sus sueños en la aviación. Tales oportunidades educacionales son extremadamente difíciles de obtener a tan temprana edad, particularmente sin un consejero.

También me impresionó el saber que Jacqueline estaba por embarcarse en una carrera aérea histórica con otras 20 mujeres, incluida la famosa Amelia Earhart, quien hace 91 años realizó una travesía en solitario a través de los Estados Unidos de Norteamérica. Estas impresionantes cualidades junto con la singularidad que tiene Jacqueline de siempre dar hacia los demás, han abierto camino para la creación de este libro.

Latinas en Aviación es una recopilación de historias breves, que celebran a distintas mujeres desempeñándose en diferentes roles dentro de la aviación, que dan cuenta de sus triunfos, sus fracasos y sus mayores logros. A medida que te sumerjas en la lectura, descubrirás estas historias reales que se van desarrollando de la manera más fascinante y que involucran desde pilotos veteranas retiradas, pilotos recién graduadas, administradoras de la aviación, hasta pilotos militares y civiles —todas con una pasión increíble y única por la aviación y por el impacto que esto genera en el mundo. Las narradoras nos cuentan sus propias experiencias e inspiraciones, mostrándonos cómo sus vidas serán un ejemplo que seguir por la siguiente generación de latinas que hoy observan el cielo con anhelo.

Tengo el honor de presentar el prólogo de este libro tan especial y de apoyar la misión de Jacqueline de alentar a las mujeres a sumarse a las carreras en la aviación. Creo que la industria de la aviación debería seguir buscando la manera de generar consciencia sobre la necesidad de que haya más diversidad en la fuerza laboral, así como tomar medidas decisivas para conseguir más mujeres en este campo. La aeronáutica, la aviación y las ciencias aeroespaciales son industrias complejas con componentes distintivos que van desde el diseño y las operaciones de ingeniería hasta la administración. Por lo tanto, las mujeres que anhelan iniciar carreras en esas áreas deberían tener una amplia formación en múltiples disciplinas con el fin de estar completamente capacitadas. Por esta razón, es importante crear una red de mujeres talentosas que marquen el camino y provean las oportunidades para adquirir experiencia en múltiples segmentos de la industria.

Mi misión cuando trabajaba en la NASA era permitir que los hombres y las mujeres astronautas viajaran al espacio exterior así como inspirar a la humanidad a seguir explorando. Estas increíbles mujeres piloto, hermosamente destacadas en este libro, pueden ser admiradas por su coraje y por ser pioneras en lo suyo. Sus historias ayudarán a inspirar, en el presente y en el futuro, a millones de mujeres jóvenes de todo el mundo para que logren sus sueños de volar alto.

UNA REBELIÓN EXITOSA

GRACIELA TISCAREÑO-SATO

POSICIÓN ACTUAL

Veterana de la Fuerza Aérea, autora bilingüe y CEO del Grupo Global Gracefully, LLC

AVIÓN FAVORITO

Avión cisterna KC-135R

CITA FAVORITA

"En el otro lado del miedo se encuentra la mejor versión de ti"

DATOS CURIOSOS

Soy autora del galardonado libro bilingüe *Captain Mama* de una colección de libros de aviación para niños —la primera colección de libros bilingües de la historia sobre mujeres que vuelan aviones

Mis padres Arturo y Tina eran inmigrantes mexicanos, ambiciosos y muy trabajadores, que llegaron a los Estados Unidos de Norteamérica en los 60. Inicialmente mi padre vivió en el suroeste de California donde trabajó por años como sastre en tiendas de lujo de ropa de hombre vistiendo a artistas de Hollywood.

Él conoció a mi mamá en Ciudad Juárez en un viaje de visita a su familia en su ciudad natal. Se casaron varios años después. Al poco tiempo nací yo en los Estados Unidos, en un hospital católico de El Paso, Texas, a un cuarto de milla al norte de la frontera. Después de mi nacimiento, vivimos un año en Arizona y luego le ofrecieron a mi padre un nuevo trabajo en un centro comercial de Greeley, Colorado. Mis padres compraron una casa modesta en las proximidades de Evans, donde nacieron mis cuatro hermanos y nos criaron con plenitud.

EL ORIGEN DE LA REBELDE

Todos hablábamos español en casa, una regla estrictamente aplicada por mis padres. Mi comunidad, de naturaleza agrícola y de mediana envergadura, tenía muy poca diversidad. Siendo la mayor de cinco hijos, sentí que debía forjar mi propio camino en la vida. Cuando estaba ya en el octavo grado, mis mejores amigas eran cuatro mujeres blancas cuyos padres tenían educación universitaria. Mi madre me preguntaba: ¿Por qué no tienes amigas mexicanas? Yo le respondía que honestamente tenía muy poco en común con ellas.

Mis amigas y yo compartíamos el mismo interés y pasión por

las matemáticas y las ciencias, y nuestros caminos continuarían seguramente en la universidad. Ellas participaban de la banda musical o formaban parte del equipo de vóleibol o básquetbol. Mis pocas compañeras mexicana-americanas fumaban detrás de la escuela, coqueteaban con los hombres jóvenes y desaparecían al final del día escolar. Mis amigas y mi elección por los deportes no era lo que mi Mami esperaba de mí; ella quería que yo le ayudara con el cuidado de los niños y las tareas domésticas como hacían las demás jóvenes de mi edad del vecindario. Ella me llamaba "la Rebelde".

Sin embargo, a mí me interesaban más los concursos musicales y las competencias deportivas de la escuela, las casas grandes y las habitaciones individuales que tenían mis amigos y las carreras profesionales de sus padres (profesores o maestros, ingenieros del transporte y pilotos de helicópteros). Siendo alguien que pasaba los veranos viajando en carro con seis personas hacia El Paso y Ciudad Juárez, México, estaba especialmente celosa de las vacaciones en familia de mis amigos a lugares como Hawái y Austria. Yo anhelaba ese mismo estilo de vida y viajar por el mundo, a pesar de mis circunstancias.

Yo entendía la poderosa influencia de los tradicionales valores de mi cultura mexicana y del catolicismo —valores que aún persisten entre muchas de las familias de inmigrantes. Si bien reconocían la importancia de la educación, a las hijas no se las criaba para que tuvieran aspiraciones más allá de la secundaria ni para que se mudaran de casa para estudiar. Me alentaron a que aceptara las limitaciones de nuestra clase social media-baja, que encontrara a un buen hombre, me casara y formara una familia.

Por suerte, mi madre Agustina mostró su propia forma de rebeldía mientras crecía en México. Ella había terminado la secundaria, trabajado y se reusó a casarse hasta los veintiséis años, un acto muy rebelde para México a mediados de siglo XX. Mami creía mucho en la educación, aunque no tuvo la oportunidad de lograrlo para ella misma. Un verano nos llevó a recolectar cebollas por dos semanas bajo el sol ardiente por una paga miserable. Ella quería mostrarnos cómo sería la vida sin educación. Juré en ese momento convertirme en universitaria y tener una profesión.

Para triunfar debería rebelarme contra los estereotipos de mi cultura, enfrentar las bajas expectativas educativas y que no tendría los medios necesarios para costar la universidad. Mami me dijo que podría estudiar pero tendría que vivir en casa, porque una joven decente debía vivir con sus padres hasta casarse. Ojalá hubiera estado bromeando.

Yo sabía que había muchas becas para la universidad en los Estados Unidos, así que me pasaba mucho rato en la oficina de mi consejero escolar y le preguntaba a la señora Burgess: ¿Cómo hacen los estudiantes como yo para poder acceder a la universidad? Hice lo que muy a menudo le aconsejo hacer a muchas mujeres latinas jóvenes hoy en día: adueñarse del proceso. La Señora Burgess sugirió que conociera a su marido, el Comandante Burgess de la Fuerza Aérea. Al igual que la mayoría de los niños que provienen de familias de inmigrantes, yo no tenía la menor idea acerca de los servicios militares de este país. Yo lo veía como una alternativa diferente a la universidad y solía evitar a los reclutadores que se apostaban en la cafetería de la escuela. No sabía nada sobre la diferencia entre enlistarse después de la secundaria y obtener un título universitario primero para acceder a un rango de oficial comisionado. El Comandante Burguess me aconsejó que solicitara la beca ROTC (Cuerpo de Entrenamiento de Oficiales de la Reserva) de cuatro años de las Fuerzas Aéreas y mi consejera me ayudó a completar la solicitud para la Universidad de California, Berkeley, mi primera elección de universidades. Me aceptaron y me otorgaron la beca de cuatro años para estudiar Arquitectura y Diseño Ambiental.

El siguiente Agosto, después de un viaje por carretera de mil cien millas, mi familia se despidió de mí dejándome en mi habitación de la universidad. Esta fue la primera vez que vi a mi padre llorar. Mi anhelo por convertirme en estudiante de una de las universidades de élite y lejos de casa, sin saber de qué se trataba eso, fue un shock para mi familia. Sin embargo, mis padres no me detuvieron y me apoyaron.

AVENTURAS EN EL AIRE

Dos años después, durante el programa de verano AFROTC (Cuerpo de Entrenamiento de Reserva de las Fuerzas Armadas), me inscribí para un vuelo de orientación en una base de entrenamiento de pilotos de Phoenix. Yo era adicta a las montañas rusas y me encantaba sentir la fuerza de gravedad, la velocidad y la sensación de ir invertida. Al igual que la mayoría de los hijos de inmigrantes de clase social media-baja, nunca tuve la oportunidad de volar en un avión durante mi niñez. La

Comandante Dolly Delisa de las Fuerzas Aéreas fue mi piloto instructora. Cuando despegamos en un jet de entrenamiento T-37, me sentí súper emocionada. Ella me dio el control y me enseñó a hacer el tonel de alerón. Me encantó sentir la adrenalina y la velocidad. La Comandante Delisa me preguntó cuál era mi especialidad académica al observar el interés y la aptitud que demostraba al aprender a volar. Yo le conté que estaba estudiando arquitectura y que me desempeñaría en una unidad de ingeniería civil por cuatro años para poder devolver el costo de la beca que me habían otorgado. Pensé que estaba atrapada en la carrera que había elegido. Me dijo que no estaba atrapada en nada, que podía ver en mi expresión que yo pertenecía al aire.

"Vuelve y dile al personal del Cuerpo de Entrenamiento de Oficiales de la Reserva que quieres volar", me sugirió y continuó: "Hay un proceso del comité de selección y creo que puedes obtener un puesto de piloto o entrenamiento de navegación. ¡Ve a buscarlo!".

Seguí los consejos de mi mentora de vuelo cuando regresé a Berkeley, y el personal me colocó en el proceso de selección para oficiales con calificación en aeronáutica. Estas son las alas plateadas de aviador en el uniforme azul de la Fuerza Aérea. Meses después, fui seleccionada para asistir a la escuela de vuelo después de graduarme. ¡Le doy gracias a Dios por la inspiración que me dio esa mujer aviadora!

Debido a esa experiencia, le digo a las jovencitas que hagan lo que sea necesario para ir a la universidad. La universidad te enseña a aprender y a aprender cosas nuevas. Lo más importante de todo es que te coloca donde surgen oportunidades increíbles. Entonces puedes elegir qué puertas quieres abrir mientras te adentras en tu curiosidad. ¿Acaso hubiera vivido estas experiencias en la aviación si me hubiera quedado en mi pequeña ciudad a trabajar después de la secundaria?

Yo ingresé a cumplir servicio en las Fuerzas Aéreas como Teniente Segundo y estudiante del Programa de Entrenamiento de Navegantes de Pregrado (UNT, en inglés) en la Base Mather de la Fuerza Aérea, Sacramento, seis meses después de haberme graduado en California. Había completado todos los cursos de mi carrera universitaria además de los estudios aeroespaciales que deben realizar los cadetes del Programa AFROTC para convertirse en oficiales comisionados. Yo fui la única mujer de mi clase de la unidad UNT, y mi promedio estuvo entre los primeros cinco de mi clase.

La noche en la que asignaron los puestos, yo elegí el avión cisterna KC-135R, el cuál describo como una gasolinera voladora. Mi familia estuvo presente en mi ceremonia de graduación de la UNT y pudieron presenciar cómo mi compañero trombonista de la banda de California, Genro Sato, colocaba las alas plateadas en mi uniforme; él se convirtió en mi prometido luego de proponerme matrimonio, más tarde ese día, en el Club de Oficiales.

De ahí, me mude a la base Castle de las Fuerzas Armadas para recibir entrenamiento especializado con otras tres personas —un piloto, un copiloto y un operador de la pluma— para aprender a operar el KC-135R y conducir misiones aéreas de reabastecimiento de combustible. ¡Fue increíble! Mi trabajo en la cabina de vuelo consistía en hacer cálculos matemáticos y dirigir nuestra gasolinera aérea al encuentro de otros aviones en un lugar y a una hora exactos en cualquier parte del mundo. Fue increíble que otro avión volara detrás de nosotros enganchándose a nuestra pluma —el tubo largo a través del cual se transfiere el combustible de nuestros diez tanques de combustible al tanque de ellos. Tengo muchas fotos de esa vista tan impresionante tomadas desde la ventana trasera (el alojamiento de la pluma).

Tres meses después de casarme con Genro en Treasure Island, San Francisco, me enviaron con destino a Riad, Arabia Saudí, para la misión Operation Southern Watch para garantizar el cumplimiento de la zona de exclusión aérea al sur de Irak finalizada la Operación Tormenta del Desierto. Volamos reabasteciendo aviones que patrullaban el área de combate por sobre Bagdad para impedir que Saddam Hussein siguiera atacando a los civiles. Mi tripulación recibió la prestigiosa Medalla Aérea al mérito por las operaciones de vuelo de combate. Esto sucedió diez meses *antes* de que el Congreso revocara la Ley de Exclusión de Combate que supuestamente prohibía que se asignara a mujeres en aeronaves y operaciones de combate, donde veníamos operando de forma no oficial por años. Yo fui una de las muchas mujeres de las Fuerzas Armadas que luchó para que esto cambiara y que más mujeres pudieran servir (y liderar) en cualquier puesto para el que estuvieran calificadas.

MISIONES NUEVAS

Durante mi década de servicio visité más de una docena de naciones, volé miles de horas y enseñé a los estudiantes en el aula y en el aire. Dirigí un centro de control de transporte aéreo de la OTAN en Italia y un centro de apoyo de operaciones antinarcóticos en Ecuador. En este último, hice la investigación y escribí mi tesis de maestría para obtener mi título de grado en Administración Internacional por la Universidad de Whitworth, Spokane, Washington, adonde fui asignada.

Dejé las fuerzas para trabajar como gerente de marketing de tecnología global en Silicon Valley. Ahora que ya no tenía destinos indefinidos, Genro y yo decidimos formar nuestra familia. En 2010, siendo madre de tres pequeños, decidí fundar Gracefully Global Group, LLC, una empresa de publicaciones educativas, contenido digital y marketing multicultural. Atendemos creativamente al mercado de la educación infantil, las universidades y las empresas con literatura motivacional, talleres y presentaciones clave en dos idiomas. Diseñé talleres, cursos en línea y una guía de marketing para ayudar a los oficiales del servicio militar en su transición para crear una marca personal GENUINA ANTES de enviar su CV o presentar su perfil en línea.

Publicamos la galardonada serie de libros infantiles bilingüe *Captain Mama* para compartir mi historia personal. *Good Night Captain Mama* se inspira en mi hijo, Kiyoshi, la noche anterior al día de visita al preescolar el Día de los Veteranos. Él me vio mientras me probaba mi traje de vuelo cuando iba de camino a la cama y le llamó la atención mi "disfraz" y sus accesorios, y me llamo "Captain Mama". El segundo libro se denomina *Captain Mama's Surpise*, una fascinante excursión al avión donde trabaja Captain Mama narrada por su hijo. Estamos desarrollando el tercer libro de esta serie única sobre aviación que enseña a los niños por qué las mamás eligen usar uniformes militares y volar aviones. La serie obtuvo seis premios literarios en concursos internacionales y la Administración de Obama le otorgó a mi trabajo el reconocimiento de la Casa Blanca *Champion of Change, Woman Veteran Leader*.

¿Cuál es mi misión ahora? Incrementar las expectativas educativas de los estudiantes latinoamericanos e inspirar a los niños, especialmente a las niñas, a formarse en áreas técnicas bien remuneradas como la aviación. Cuento mi historia de servicio en la aviación de esta manera para mostrarles a los estudiantes que ni el cielo ni las circunstancias de nacimiento deben limitar lo que podemos lograr.

Ahora que Genro y yo nos encontramos educando a tres adolescentes, me he convertido en una consejera activa de jóvenes adultos. Para los estudiantes de secundaria y preparatoria publiqué *Latinnovating: Green American Jobs and the Latinos Creating Them*, el primero libro de una serie planeada para mostrar los aportes positivos en materia de innovación que hicieron los líderes latinos a las industrias de la economía verde emergente. *Latinnovating* busca alentar a los estudiantes a formarse en determinadas especialidades académicas y carreras, a la vez que promueve el espíritu emprendedor y la sustentabilidad.

Siempre he creído que del otro lado del miedo está la mejor versión de ti mismo, un mensaje que a menudo transmito de costa a costa como oradora bilingüe. Abogo para que las personas se revelen contra las bajas expectativas, los estereotipos de género y los que se oponen a la educación superior. Esta mentalidad me ayudó incluso a superar los sueños de mi niñez de viajar y disfrutar de un estilo de vida con perspectivas globales. Apuesto a que te funcionará para que logres lo que hayas imaginado para ti. ¡Vuela alto!

Graciela Tiscareño-Sato es una veterana de las Fuerzas Aéreas de los Estados Unidos, autora/oradora galardonada y CEO de Gracefully Global Group, LLC, una empresa que se dedica a generar publicaciones educativas, contenido digital y marketing multicultural. Puedes contactarla llamando al (510) 542-9449, visitando GracefullyGlobal.com y en las redes sociales LinkedIn e Instagram por su nombre completo.

POSDATA COVID-19

Es una coincidencia fascinante que la última conferencia a la que asistí antes de que la OMS declarara la pandemia fue la Conferencia Internacional de Mujeres de la Aviación que se llevó a cabo en Orlando durante la primera semana de marzo. Me conecté con más de cinco mil hermanas, con quienes tengo mucho en común, y que son colegas de todo el mundo, y firmé copias de mis libros para niños *Captain Mama*. Por fin conocí a mi heroína, la Brigadier General Jeannie Leavitt, actualmente

Comandante del Servicio de Reclutamiento de las Fuerzas Armadas de los Estados Unidos, que fue la primera mujer a la que se le asignó un avión de combate en 1993, justo después de que se revocara la Ley de Exclusión de Combate. Asistí a la Reunión de Mujeres Militares Aviadoras en Traje de Vuelo y me volví a conectar con la astronauta Eileen Collins, la piloto del KC-135R Coronel Kelly Hamilton y *mi amiga* i la Teniente Coronel de las FF. AA. de los Estados Unidos Olga Custodio, la primera latina en completar el entrenamiento de piloto de la Fuerza Aérea. Conocí a diversas latinas con carreras de aviación fascinantes.

Cuando regresé a casa, Gero y yo hicimos la transición al teletrabajo y al *homeschooling* de mis tres adolescentes. Se adaptaron muy bien, aunque mi hija mayor, que es ciega, necesita más ayuda, ya que aprende mejor leyendo Braille y tocando que escuchando la voz en la computadora. Estamos bien, pero trato de no pensar en los ingresos que perdí dadas las cancelaciones de los eventos en los que participaría como oradora y las ventas de productos asociados hasta principios del tercer trimestre.

Ahora estoy impartiendo mis talleres de *GENUINA Marca Personal* y visitas de autor virtuales de Captain Mama. Tengo la bendición de haber estado usando un modelo de prestación de servicios virtuales y de poder haber mantenido mi negocio a flote. También estoy agradecida por el tiempo adicional que hemos pasado en familia —jugando más juegos, compartiendo más comidas en la terraza todos juntos, y realizando más paseos en bicicleta que en los últimos años. Plantamos nuestro jardín antes de la temporada y terminamos la terraza.

MI HISTORIA DE VUELO

OLGA ESTHER NEVAREZ CUSTODIO

POSICIÓN ACTUAL

Teniente Coronel retirada de las FF. AA. de los EE. UU.

Comandante retirada de American Airlines

AVIÓN FAVORITO

El T-38. Fui la primera mujer latina que lo voló.

CITAS FAVORITAS

"Querer es poder"

"Donde hay voluntad, hay poder"

DATOS CURIOSOS

Recientemente participé en un comercial de la cerveza Modelo.

Los momentos decisivos de nuestra vida son pruebas para que podamos ver quiénes somos y qué somos capaces de hacer. Tus experiencias hasta ese momento son las que te ayudarán a definirte. Lo sé por experiencia de propia.

"Así que, ahí estaba yo...", digo, como hace la mayoría de los pilotos al iniciar el relato de sus historias de vuelo...

Era un día cálido en el oeste de Texas. La torre me autorizó a despegar. Mientras tomaba la pista, miré por última vez para asegurarme de que no hubiera ningún avión aproximándose y procedí a bajar y cerrar el dosel. Ya en la línea central de la pista, frenado, accioné los aceleradores a máxima potencia. Verifiqué los instrumentos del motor; dejé de presionar los frenos y comencé a rodar por la pista.

V1, verificar instrumentos del motor, V2, girar y despegar. Tren de aterrizaje y alerones arriba, doble verificación, y luego ¡PUM! El parabrisas se oscurece...

Todo lo que había experimentado y aprendido acerca de la vida y de mí misma me llevó a atravesar ese preciso momento en el que iba a necesita todo eso.

Las personas exitosas generalmente comienzan su aventura con un sueño, deseo o meta, ya sea en la escuela tan temprano como en la escuela primaria o en el día de ayer. Yo siempre digo: "Nunca es demasiado tarde".

RECUERDOS MILITARES

Si me hubieran conocido cuando era más joven, no habrían

imaginado que atesoraría tantas experiencias y lograría cumplir las metas que he alcanzado. Yo era muy tímida, callada e insegura.

Nací en San Juan, Puerto Rico, pero solo pasé mis primeros tres meses en la isla antes de que mi mamá y yo nos mudáramos para reunirnos con mi padre, que era militar de carrera. Crecí como una niña mimada del Ejército. Mi padre era mi mayor ejemplo de sacrificio, servicio y amor por su país. Él sirvió 23 años en el Ejército de los Estados Unidos. Sirvió durante la Segunda Guerra Mundial y la Guerra de Corea siendo muy joven, y finalmente recibió el merecido reconocimiento por su servicio hace apenas unos años. El Congreso galardonó al 65vo. Regimiento de Infantería —el único regimiento de la historia militar de EE. UU. formado completamente por hispanos, conocido como los "Borinqueneers"— con la Medalla de Honor de Oro del Congreso 2014. Su valor y servicio inigualable fue una demostración ejemplar de sacrificio y dedicación.

Vivimos en muchos estados y países del mundo, mudándonos cada dos a tres años. Asistir a nuevas escuelas y hacer nuevos amigos cada vez no fue nada fácil. Mis padres me decían que no era para siempre, y aprovechábamos al máximo cada lugar donde vivíamos. También me enseñaron a sentirme orgullosa de mi herencia puertorriqueña y en casa se hablaba español. El hecho de vivir en Asia, Medio Oriente y Sudamérica me enseñó a apreciar nuestra democracia y todas las oportunidades que tenemos al vivir en los Estados Unidos. También me enseñó a respetar las diferentes culturas y su gente.

Sabía que quería seguir los pasos de mi padre e ingresar

al servicio militar. No sabía en qué rama o en qué rango, pero sí que ese era el camino. Nunca me hubiera imaginado que me convertiría en la primera mujer piloto latina de las Fuerzas Armadas de los Estados Unidos y en la primera mujer piloto latina de American Airlines.

Me llevó diez años hasta finalmente poder servir en las Fuerzas Aéreas de Estados Unidos. Cuando tenía 16 años y cursaba el primer año en la Universidad de Puerto Rico, me negaron la oportunidad de ingresar al Cuerpo de Entrenamiento de Oficiales de la Reserva (ROTC, en inglés) y ser comisionada como oficial de las Fuerza Aérea de los Estados Unidos.

Increíblemente, no fue hasta años después que me di cuenta de que eso había sido un acto de discriminación. El Comandante del ROTC me menospreció haciéndome creer que no había aprobado el examen. Lo sacó de un cajón y no me hizo completar ninguna solicitud o documentación formal. Como era joven e ingenua y respetaba a la autoridad, le creí. Recién se habilitó el acceso de las mujeres por primera vez al programa ROTC un año después de mi intento, pero yo salí de allí pensando que no había aprobado el examen. Me pregunto cómo me habría sentido si el Comandante me hubiera dicho que no se admitían mujeres en lugar de hacerme creer que no había aprobado el examen. Pero esa experiencia no me hizo renunciar a mi deseo de servir.

DE CÓMO OBTUVE MIS ALAS

La oportunidad se presentó cuando cumplí 26 años y era esposa y madre con un trabajo prometedor en el Ministerio de

Defensa. La Fuerza Aérea de los Estados Unidos finalmente permitía el acceso a la carrera de piloto a las mujeres y estaban reclutando. Siempre me sentí cómoda en los aviones desde que volé por primera vez a los Estados Unidos a los tres meses de vida y pasé mucho tiempo entrecruzando el mundo y mudándome junto con mis padres. Me di cuenta de que mi deseo de servir nunca se había desvanecido, y ahora se me presentaba la oportunidad más importante de servir a mi país con el mayor de los desafío. La travesía estaba llena de barreras y desafíos, y al no tener ejemplos a seguir, todo fue aún más difícil.

Ahora, vuelvo a la historia de vuelo que les estaba contando...

Cuando miro y veo que el parabrisas estaba todo cubierto de sangre y plumas, entré inmediatamente en modo de emergencia. Los primeros pasos en cualquier emergencia de vuelo consisten en mantener el control de la aeronave, analizar la situación y tomar las medidas adecuadas. En mi avión T-37, durante la primera fase de entrenamiento de piloto de la carrera de pregrado de la Fuerza Aérea en un vuelo en solitario, se pusieron a prueba mis habilidades de piloto, mi nivel de consciencia sobre mi ubicación exacta y mi actitud mental.

Ese momento decisivo, en el que manejé con éxito la emergencia y aterricé con seguridad la aeronave, me dio la confianza para saber que tenía lo que se necesitaba para ser piloto. En esta profesión, debes tener algunas habilidades para tener éxito, pero la motivación, combinada con esas habilidades, es una gran ventaja para lograrlo. Más tarde, como piloto instructora, vería eso en mis alumnos.

Por último, aprendí a sortear los desafíos y las barreras, y convertirme en la mejor piloto mujer que pude ser. Me gradué con uno de los cinco primeros promedios de mi clase de la carrera de pregrado de Entrenamiento para Pilotos de la Fuerza Aérea de los Estados Unidos y siendo la única mujer. Esta distinción me permitió estar capacitada para misiones de combate y para volar el T-38, un avión supersónico con asiento de eyección, como piloto instructora. La designación de combate de este avión era F-5. Era el avión más rápido y rudo que las mujeres podían volar de los que tenía la Fuerza Aérea en ese momento. Era el avión que piloteaba el Escuadrón de Demostración Aérea Thunderbirds de la Fuerza Aérea del país. Pero la ley no permitía que las mujeres estuvieran en misiones de combate, por lo que este tipo de aviones no podía ser piloteado por mujeres. Trece años después, la ley cambió. Habíamos demostrado que teníamos lo que hacía falta para volar y ahora podemos demostrar también que somos buenas en combate.

ROMPIENDO BARRERAS

Amo la experiencia de volar y llevar los controles. Veo el mundo desde una perspectiva distinta y sé que soy parte de algo mucho más grande que yo. Sé que mi fe, el apoyo de mi familia, amigos y mentores (que tuve que buscar), fueron fundamentales para mi caso de éxito.

Cuando ingresé en la carrera de aviación, las mujeres representaban solo el 0,01 por ciento del total de pilotos en las aerolíneas militares y comerciales. En cuanto a las latinas en la aviación, posiblemente las habrías contado con una sola mano, si es que no te sobraba. A la fecha, la cantidad de mujeres piloto profesionales solo ascendió a un siete por ciento en los últimos 40 años.

Tener que enfrentar los desafíos y las barreras que impone una profesión dominada por hombres no fue una tarea fácil, pero sabía que allí estaría en el largo plazo. Creo que las mujeres son igualmente capaces que los hombres en todos las áreas, especialmente en la aviación. Con la cantidad adecuada de estímulo, apoyo, representación y financiamiento, podemos elevar estos números y hacer que las mujeres sean conocidas y respetadas en un campo aún dominado por los hombres.

Estoy orgullosa de haber tenido éxito al lograr cumplir mi sueño de servir a mi país y convertirme en piloto, a pesar de que no conocía a ninguna mujer que se hubiera atrevido a hacerlo. Hice historia en los Estados Unidos como la primera mujer piloto latina de la Fuerza Aérea y de American Airlines.

Mi propósito o mi motivación no era convertirme en la primera mujer piloto y también la primera latina en ocupar diversos puestos de vuelo de la Fuerza Aérea. Mis más de 30 años de experiencia combinada entre la aviación militar y la civil, y las más las 11 000 horas de vuelo me alcanzan. Soy una ferviente defensora de STEM (Ciencia, Tecnología, Ingeniería y Matemáticas), oradora motivacional y mentora. Como miembro del directorio y en mi trabajo con diversas organizaciones sin fines de lucro dedicadas a la aviación, apoyo la visión y misión de hacer que más mujeres se involucren con la aviación, especialmente las latinas y las mujeres de comunidades más desatendidas.

Empeño gran dedicación a todo lo que hago y a todo lo que me propongo lograr. Pero todo lo que hice no lo hice sola y trabajé mucho para poder lograr un equilibrio entre el trabajo y mi vida. Agradezco a mi esposo Edwin, a mis hijos, Marcia y Edwin II, y a mis padres por su amor, su ayuda y apoyo continuo en todos mis emprendimientos. Todo el sacrificio que hicieron ellos fue lo que me permitió triunfar.

Mi mantra de vida es: "Querer es poder", que traduzco como "Donde hay voluntad, hay poder". Te desafío a que sigas definiendo tu sueño y te permitas ver tu potencial para poder cumplir tu propósito.

Olga es Teniente Coronel retirada del Comando de Reserva de la Fuerza Aérea de los Estados Unidos y Comandante de American Airlines, y actualmente da conferencias en todo el país. Actualmente está trabajando en su biografía. Para contactarla pueden visitar www.purflygirl.com

POSDATA COVID-19

Tuve que enfrentarme a la pandemia del Covid-19 luego de regresar de mis vacaciones en familia a mediados de marzo. Acababa de asistir a una conferencia internacional de aviación y visité los parques de Disney y Universal con mi nieto y mi familia. Sabíamos que teníamos que hacer cuarentena por dos semanas y decidimos estar juntos. No tuvimos ningún síntoma durante ese tiempo, pero la orden de permanecer en casa llegó antes de que hubieran transcurrido nuestras dos semanas.

Ahora continuamos trabajando desde casa y asistiendo a la escuela virtual, con el comedor transformado en oficina part-time y la recámara transformada en escuela *part-time*. El comedor y el patio son nuestro lugar de escape para tener un descanso del trabajo y de la escuela, y en la cocina se dictan clases magistrales, y donde había cocineros ahora hay chefs. Se redefinen las prioridades y entendemos perfectamente la diferencia entre "necesito" y "quiero".

Vivo cerca de la aerovía del aeropuerto y cuando me siento en el patio puedo observar las llegadas y partidas, dependiendo de la dirección del viento. Pienso en esos tripulantes y en cómo están lidiando con esta situación. No hay mucho tráfico aéreo y se ven más jets privados que aviones de pasajeros. Reflexiono sobre cuando regresé a volar después del 9/11, y me pregunto si ahora será lo mismo para estos pilotos. Recuerdo viajes de vacaciones pasadas e imagino un futuro no muy lejano, viajando en un mundo muy distinto y cambiante.

Mientras escribo esto, ya llevo cincuenta y cuatro días sin salir de casa. Estoy feliz de que estamos cómodos entre todos y de que nos llevamos bien. Sin embargo, lo que más agradezco es que toda mi familia esté sana y salva. Es todo lo que puedo pedir y esperar en este momento. Somos fuertes, resistentes y sé que sobreviviremos porque tenemos esperanza.

VOLANDO PARA PAPÁ

JACQUELINE PULIDO

POSICIÓN ACTUAL

Instructora de vuelo y comandante de Airbus 320

AVIÓN FAVORITO

Airbus 320. Más lo vuelas, más lo amas.

CITA FAVORITA

"Si Dios es tu copiloto, cambia de asiento"

"El Señor te guiará siempre" —Isaías 58:11

DATOS CURIOSOS

Fui la primera mujer piloto de la aerolínea Volaris.

Cuando mis hermanas y yo éramos pequeñas, colocábamos las sillas del comedor en una fila, una frente a la otra, para simular los asientos de un avión comercial. Este era nuestro "avión" y nosotras éramos sus tripulantes. Si ese día me tocaba hacer de mi "papá", entonces me paraba junto a la cabina como un piloto y les daba la bienvenida a los pasajeros imaginarios del "avión." Mientras tanto, mi hermana, que hacía el papel de mamá, era la azafata, y ayudaba a nuestros "pasajeros" a encontrar sus asientos. Luego, comenzaría a hacer los anuncios de seguridad previos al despegue. Nos sabíamos esos anuncios de memoria y podíamos recitarlos con nuestras dulces y agudas voces porque habíamos volado muchas veces con nuestros padres. Luego, cuando estábamos listas para el "despegue", me tomaba mi lugar en la "cabina", hacía los anuncios necesarios a la tripulación y despegábamos camino a algún lugar fantástico. Poco después, comenzaría el servicio de aperitivos y bebidas.

Con semejantes juegos infantiles supongo que puedes imaginar cuánto de aviación había en mi familia.

LA FAMILIA VOLADORA

Mi mamá y papá se conocieron mientras trabajaban para la línea aérea Mexicana Airlines. Se enamoraron, se casaron y tuvieron tres bellas hijas que criaron en Toluca, México. Mi madre dejó de volar como azafata para quedarse en casa con nosotras, pero se aseguró de que nos enamoráramos de la aviación, como ella y papá. Tengo muchos recuerdos de cuando era niña y veía a mi papá con su uniforme de piloto preparándose para ir a trabajar.

Muchas, muchas veces, nos llevó a todos con él cuando tenía vuelos más largos o una escala de tres o cuatro días. Éramos bebés, pero recuerdo haber viajado a lugares maravillosos de vacaciones como Chicago, Cancún, Puerto Vallarta y Los Ángeles.

Mamá siempre hacía que los viajes fueran divertidos, hablándonos del avión y explicándonos lo que estaba sucediendo en cada fase del vuelo. Incluso podíamos visitar a mi papá en la cabina y él nos mostraba y explicaba todo sobre los fascinantes interruptores, aparatos, radares y pantallas. A las tres nos maravillaba su trabajo y realmente admirábamos a mi papá por lo que hacía.

A medida que crecíamos, también podíamos volar solas con papá. Visitábamos a nuestros abuelos en Chicago. Volar se convertiría en nuestra forma de vida.

Estaba en la escuela primaria cuando comencé a decirle a mi papá que quería ser piloto como él. Mi sueño era volar con él, papá como piloto al mando y yo como su copiloto.

Luego, cuando tenía 14 años, mi papá comenzó a enfermarse. Durante mucho tiempo no pudieron detectar qué le sucedía, pero luego recibió el diagnóstico. Era un tumor cerebral. La noticia fue devastadora para todos. El tumor era operable, pero sabíamos que afectaría la carrera de vuelo de mi padre para siempre. También sabía que era el fin de mi sueño de ser su copiloto de vuelo. Sin embargo, no fue el final de mi sueño de ser piloto. Superó la cirugía y comenzó el tratamiento, e hicimos todo lo posible para mantener su espíritu.

Cuando tenía 17 años, mis padres me preguntaron si

realmente quería ser piloto. Mi papá ya no trabajaba y el dinero era escaso, pero les dije que era algo que realmente quería hacer y que haría todo lo posible para que esto sucediera. Juraron apoyarme en todo. Entonces, mi mamá tuvo que empezar a trabajar para mantener a nuestra familia, por lo cual siempre estaremos enteramente agradecidos.

En Estados Unidos abundan los aeropuertos pequeños y generalmente hay alguno a pocas millas, pero desde mi ciudad, el más cercano con una escuela de vuelo estaba en Cuernavaca, a dos horas de automóvil desde Toluca. Los fines de semana hacíamos de ese recorrido una salida familiar. Mi familia se relajaban y hacía un picnic mientras yo tomaba mis dos o tres horas de vuelo en el aeropuerto. A veces mis abuelos también venían a ver. Incluso me ayudaron a financiar mi entrenamiento de vuelo.

Cuando finalmente obtuve mi licencia de piloto, el día que pude llevar a mi papá a volar en un Cessna sentí una mezcla de emociones. Siempre había querido ser su copiloto, y ahora él era el mío; pero cuando tomó los controles, voló como un ángel. ¡Quedé impresionada y asombrada cuando me dijo que no había estado al mando de un avión tan pequeño en más de veinte años! Volaba como si fuera su ritual diario. Yo sabía que quería volar más con él, y quería encontrar una manera de poder hacerlo.

DÍAS DE RALLY

La oportunidad se presentó en 2001, cuando me enteré de una competencia internacional femenina que tendría lugar en el extranjero, en los Países Bajos. Me pareció muy emocionante la idea, así que comencé a preguntar y me dediqué a formar un grupo femenino. El costo de la inscripción y para participar era alto, así que mi madre y yo comenzamos a buscar patrocinadores. Mi madre fue, y sigue siendo, mi mayor apoyo. Ella me ayudó a escribir cartas y me llevó a todas partes para pedir ayuda. Aún puedo oír su voz animándome en todo lo que hago. Mi escuela de aviación también nos brindó su apoyo, al igual que mi escuela primaria, el negocio de mis abuelos, el sindicato de pilotos y la división mexicana de los servicios de aviación de Shell.

Para competir y ser aceptadas como equipo femenino, el comando del avión debía estar en manos de una mujer. Podía haber hombres entre la tripulación a bordo, pero no al mando. Toda mi familia, incluido mi padre, volaron un día antes para familiarizarse con el avión, el espacio aéreo y el aeropuerto. Tenía solo 19 años en ese momento y estaba emocionada y honrada por esta oportunidad. Solo vi a otra muchacha de mi edad allí, pero quedé impresionada por la gran cantidad de madres, abuelas y mujeres adultas que conocí allí. La mayoría eran pilotos de aerolíneas comerciales que volaban para KLM o para el ejército. En otras palabras, era una competencia extremadamente difícil.

Fueron dos días de una emocionante travesía por una ruta desafiante a través de todo el país, en un terreno completamente distinto al de México. Se fijaron algunos hándicaps relativos a los límites del avión, como la velocidad y el tamaño, y había puntos de control en el camino con límites de tiempo. Nos otorgaron puntos sobre la base de elementos de aviación, como el tiempo, la altitud y la eficiencia. Aunque hicimos todo lo posible para recaudar fondos, recuerdo que nos quedamos sin dinero en el camino de regreso de la carrera y tuvimos que pasar la noche en el aeropuerto antes de regresar a casa. ¡Todo fue parte de la experiencia!

Durante la carrera, papá se sentó atrás junto con mis instructores de vuelo, mis compañeros de equipo. Una vez en el aire, me sorprendió la hermosura, exuberancia y los verde de ese terreno tan diferente al de mi hogar. No era muy diferente a una búsqueda del tesoro, pues tenía que encontrar ciertos puntos de referencia a lo largo de la ruta mientras volaba, y papá y el equipo ayudaban a localizarlos a mil quinientos pies de altura. Yo estaba acostumbrada a la comunicación por radio en español, pero ahora tenía que agudizar mi oído a las directivas en inglés con acento holandés. Tuve que aterrizar en pistas mucho más cortas de lo que había experimentado antes. Todo parecía nuevo y podía sentir que me convertía en una mejor piloto gracias a esta experiencia.

Al final de la carrera, se realizó una gala especial, formal, para anunciar al equipo ganador. Éramos los únicos latinos allí y todos nos dieron la bienvenida, incluso habían invitado al embajador de México. Se entregaron muchos trofeos y nuestro equipo recibió el reconocimiento por la competencia de rango y resistencia. El ganador se llevó a casa un hermoso reloj de dama de la marca Breitling como premio.

Mi papá estaba tan orgulloso de mi y yo estaba tan orgullosa de que pudo estar conmigo en la carrera, haciendo las veces de copiloto espiritual para mí. No sería mi última competencia. Volví a competir en 2003 y 2005, con otros tripulantes. No siempre ganamos, pero sí nos divertimos. Toda mi familia también estuvo conmigo durante esas carreras. Ellos siempre me apoyan.

Aparte de las carreras, completé mi curso en la escuela de vuelo e inicié mi camino para convertirme en piloto comercial. Me encontré con algunos obstáculos en el camino. Fui instructora en tierra en 2001 cuando se interrumpieron las operaciones aéreas de México después del 11 de septiembre. Así que comencé a volar aviones corporativos para sumar horas, pero también necesitaba una beca para poder seguir avanzando. Necesitaba una habilitación de una agencia reguladora y más experiencia.

EXPERIENCIAS INOLVIDABLES

Después comencé a leer sobre los Ninety-Nines, una organización internacional sin fines de lucro de mujeres piloto con licencia de cuarenta y cuatro países. Sabía que tenían oportunidades de beca para mí, así que averigüé si tenían una filial cercana. Me dijeron que no y me preguntaron si quería abrir una.

Reuní a mis amigas piloto y les pedí que me ayudaran a formar la organización. Me convertí en la Directora de la filial mexicana. Terminó siendo bastante complicado, pues necesitábamos conseguir patrocinadores para poder ofrecer programas para mujeres piloto. Tuvimos éxito con el lanzamiento del concurso de ensayos para ganar un entrenamiento con certificación en Lear Jet 25. Pero solo dos pilotos presentaron sus ensayos y una de ellas era yo. Igual continuamos forjando la filial cerca de mi ciudad natal.

Cuando llegó el momento de presentar solicitudes en las aerolíneas locales, ni mis compañeras ni yo tuvimos suerte. Finalmente, en 2004, me uní a Aerounion, una aerolínea de carga y volé un hermoso A-300 B4. Nunca imaginé que mi primera oportunidad en una aerolínea sería "volando un pesado". Más tarde, en 2005, fui contratada por una aerolínea nueva llamada Volaris. Tenían unos A319 completamente nuevos y un futuro prometedor. Mis oraciones fueron respondidas y podía verme trabajando el resto de mi vida con ellos. Fui la primera mujer piloto contratada para la aerolínea.

Enseguida me di cuenta de esa responsabilidad. Le estaba abriendo paso a otras mujeres piloto, por lo que sabía que tenía que hacer todo correctamente. No quería cerrarle las puertas a nadie. Ya estaba acostumbrada a un entorno exclusivamente masculino en mis otros trabajos de aviación, por lo que el mayor desafío consistía en lograr un equilibrio en mi relación con ellos. Solo tenía 23 años, así que la mayoría de las veces me trataban como a una hija, incluso me pedían que saliera del lugar si la conversación se volvía muy "masculina". Cinco años después, me ascendieron a comandante. Eventualmente, la tripulación y yo formamos una familia ya que trabajé 11 años para esa aerolínea. Volaris era un excelente lugar para una piloto mujer como yo.

Dejé de volar en 2016 para dar a luz a mi hijo Mateo. Extraño volar, pero para mí y mi esposo, que también es instructor de vuelo de A320 en Vivaaerobus, nuestra prioridad es nuestro pequeño.

Para satisfacer mi deseo relacionado con la aviación, acepté un puesto como oficial de seguridad aérea en Vivaaerobus, entre 2017 y 2019, donde era responsable del Aseguramiento de la Calidad (FOQA) de las Operaciones Aéreas y de mitigación de riesgos teniendo como objetivo la seguridad y los pilotos. Ayudé a los 47 pilotos a mejorar las medidas y procedimientos de seguridad, lo cual resultó una experiencia muy enriquecedora y satisfactoria. Actualmente, volví a trabajar como instructora de simulador del A320, entrenando a la próxima generación de pilotos y compartiendo mi experiencia. Extraño volar, pero sé que volveré pronto.

Mientras tanto, estoy feliz de ver que la aerolínea que me contrató como su primera mujer piloto ahora tiene alrededor de 36 mujeres pilotos en su equipo. Como instructora, me enorgullece estar preparando a las mujeres para ingresar a un mundo que parecía estar reservado exclusivamente para los hombres.

Me alegra decir que mi padre, quien es mi inspiración en todo lo que hago en aviación, todavía está con nosotros. Estoy tan orgullosa de haber podido seguir sus pasos y convertirme en piloto de una aerolínea comercial. Estoy aún más orgullosa de poder inspirar a otros, así como él me inspiró a mí, a pensar en una carrera en aviación.

Jacqueline Pulido es ex comandante de Volaris Airlines y actualmente se desempeña como instructora de simulación del Airbus A320. Su correo electrónico de contacto es Jackpu26@hotmail.com.

POSDATA COVID-19

Me preocupé cuando empecé a leer sobre cómo el COVID-19 estaba afectando a otros países, pero nunca pensé que cambiaría nuestras vidas de esta manera. Estábamos en Nueva York el 19 de marzo de 2020 preparándonos para el despegue, ansiosos por llegar a casa lo antes posible. No existe mejor lugar en el mundo que el propio hogar en tiempos como estos. Me sentí como si estuviéramos en una película cuando estábamos en la línea de control de seguridad del aeropuerto rodeados de tantas personas con tapabocas y que simplemente permanecían sentadas en silencio.

Esta pandemia definitivamente nos ha enseñado a mí y a mi familia muchas cosas. La más importante es que hay que confiar en Dios, pues nunca nos deja ni nos desampara. Son tiempos bastante angustiantes y nuestra fe nos mantiene unidos. La otra cosa más importante es poder estar sanos y unidos.

Gran parte de nuestras vidas se detuvo. Nuestros trabajos fueron suspendidos, nuestros salarios se vieron afectados y nuestras vidas cambiaron para siempre. Tenemos la suerte de poder quedarnos en casa juntos, de tener suficiente comida, agua y de poder cubrir nuestras necesidades básicas. Estamos en contacto con nuestros amigos y familiares mucho más que nunca. Estamos felices de ver el cielo más despejado y que la naturaleza pueda recuperarse un poco del daño que le hemos causado. Oramos para que todos podamos aprender de esta terrible situación y cuando las cosas vuelvan a la normalidad podamos ser más humanos.

JOVEN, PERO A CARGO

ANDREA PALACIOS

POSICIÓN ACTUAL

Comandante de Embraer 190, Conviasa Airlines

AVIÓN FAVORITO

El Embraer 190. ¡Es mi hogar lejos de casa!

CITA FAVORITA

"Es preciso que ames volar"—*Amelia Earhart*

DATOS CURIOSOS

No tolero los insectos y cuando era niña me picó un escorpión en
un hotel en Orlando, Florida.

Aquel era un vuelo común, en Venezuela, en mi Embraer 190, para Conviasa Airlines. Estaba de pie en la puerta de la cabina junto a los otros miembros de la tripulación, saludando a los pasajeros mientras abordaban el avión. Tenía 22 años y ya era copiloto de vuelo comercial. Un hombre al ingresar al avión y me miró de una manera curiosa mientras inspeccionaba mi uniforme.

—¿Tú vas a ser la comandante? —me preguntó con voz de sorpresa y de shock.

—Sí, lo soy —respondí, reprimiendo la sonrisa—. ¡Buenos días!

—No, no, no, te creo —continuó—. ¿Realmente puedes volar esta cosa?

Solamente respondí con un movimiento de aprobación y sonreí mientras se alejaba hacia su asiento. A estas alturas ya estoy acostumbrada. Cada pasajero que aborda debe brindarte su confianza y credibilidad. No solo se encuentran con una mujer piloto, sino que además tiene menos de 30 años.

Finalizado del vuelo vino a hablar conmigo para disculparse por su reacción inicial y dijo que estaba muy conmocionado porque nunca había visto a una mujer volar un avión. Me felicitó por alcanzar mi meta y me di cuenta de que ahora no solo creía en mí, sino en cualquier otra mujer piloto que conociera a partir de ese momento.

La mayoría de los pasajeros están acostumbrados a ver a hombres de edad media en los mandos de su avión. En cambio, me tienen a mí, la chica tenaz que obtuvo su licencia de piloto comercial y ¡se convirtió en la piloto comercial más joven de

América Latina!

RAÍCES DE AVIACIÓN

Los Palacios han sido una "familia de la aviación" durante generaciones. Casi todos los miembros de mi familia trabajan en aviación. Mi papá fue piloto de combate de la Fuerza Aérea Venezolana antes de convertirse en piloto comercial, y mi madre también sirvió en la Fuerza Aérea. Mi hermana y mis tías son azafatas, y tengo muchos otros familiares que tienen carreras como ingenieros en aviación, despachadores de vuelo y seguridad aeroportuaria. ¡Será que la aviación corre por nuestras venas!

Soy la mayor de cinco hijos: tres mujeres y dos varones. Sin embargo, fue mi padre quien inspiró mi aventura. Recuerdo mi primer vuelo con él. Yo tenía siete años. Subimos a su avión y me dijo que íbamos a despegar. Me dejó sentir los comandos mientras tomábamos la pista y recuerdo la extrema emoción cuando el avión ganó velocidad y luego comenzó a elevarse más y más sobre la pista. Tenía esta sensación de "mariposas en el estómago" que se parece mucho al estar enamorado por primera vez.

Cuando tenía 17 años, fui con mi padre a una aerolínea donde trabajaba. Ahí encontré una nueva apreciación de las aerolíneas. Mi padre era entonces director de operaciones y mi madre directora de investigación de accidentes aéreos en Venezuela. Entonces tenía la madurez suficiente a esa edad para comprender el funcionamiento de la industria, el papel del piloto comercial de la aerolínea y todo lo que había visto desde mi niñez. También tuve la oportunidad de visitar la cabina y experimentar la responsabilidad y el estrés de ser un verdadero piloto. ¡Yo quedé convencida! Cuando me gradué de la preparatoria en 2009, asistí a una escuela especial de aviación civil llamada CIAC Miguel Rodríguez. Éramos solo tres mujeres y siete hombres, y volamos aviones como el Cessna 150 y el 182RG. Me fue bien ahí e incluso recibí una beca.

Tuve la suerte de contar con el apoyo de mis padres, que fueron un gran ejemplo en la vida. "Puedes ser lo que quieras ser", me decían. Mi objetivo era convertirme en comandante de un avión comercial y, conforme a la Regulación Aeronáutica Venezolana 60, eso significaría acumular 1500 horas de vuelo y ser mayor de 21 años. En 2012 me gradué y obtuve mi licencia de piloto comercial. Fui contratada por el Consorcio Venezolano de Industrias Aeronáuticas y Servicios Aéreos (Conviasa), la aerolínea más grande de Venezuela —cosa que adoré—.

EL EMBRAER

Tuve suerte porque en ese momento, el presidente de la aerolínea era el General César Martínez, quien quería capacitar a la nueva generación de los más jóvenes en aviones más avanzados tecnológicamente. La aerolínea había comprado recientemente quince aviones Embraer 190. El General Martínez tenía confianza en mí y en los demás de mi clase de entrenamiento. Fui la única mujer en una clase de 17 hombres que recibimos entrenamiento con el Embraer. En mayo de 2013, nos enviaron a St. Louis, Missouri, para el entrenamiento de simulación. Allí me formé como Primera Oficial, luego practicar todas las posibles emergencias que pueden ocurrir en un vuelo real. Al finalizar nuestra capacitación, fuimos evaluados por un inspector del Instituto Nacional de Aviación Civil de Venezuela (INAC).

Me gusta bromear diciendo que el Embraer 190 es demasiado fácil de aprender a volar, o al menos lo fue para mí, porque es tan moderno, que es como una computadora gigante. Conviasa es la única aerolínea de Venezuela que vuela el Embraer 190. Los modelos de vuelo tienen 140 asientos para pasajeros y cinco asientos para la tripulación de vuelo, sin contar los dos asientos adicionales para los pilotos. Para los pasajeros, cuenta con dos filas de dos asientos a cada lado, divididos por el pasillo para acceder a ellos.

Como era de esperarse, el proyecto de formación de pilotos jóvenes fue todo un éxito, y mis compañeros y yo pasamos todas las pruebas. Un año después, era primera oficial (copiloto) y empezó mi intensa formación como piloto. Me sentí muy afortunada de aprender de los pilotos expertos en Conviasa y fueron grandes mentores que voluntariamente compartieron sus conocimientos con todos nosotros.

Vuelo para una aerolínea que demuestra lo que significa estar al mando, y como la única mujer en el equipo de Embraer 190, siempre he sentido una inmensa presión de tener un buen desempeño. Pero he estado preparada para hacerlo gracias a mi formación muy rigurosa y exigente. Cuando la aerolínea cambió de presidente inesperadamente descubrí que ya no me consideraban para los ascensos. Aunque estaba completamente calificada por mi edad y las horas acumuladas de vuelo, a menudo me pasaban por alto. Cuando pregunté el porqué, en varias ocasiones me dijeron que era "demasiado joven" a pesar de tener más de 21 años, la edad mínima para ser comandante.

Al principio, estaba enojada y frustrada por la realidad de que no se me valoraba a pesar de todo lo que podía hacer. Ya era bastante difícil tratar de salir adelante en una industria dominada por los hombres siendo mujer, pero ser joven también lo hacía realmente difícil. Muchos de mis jefes creían que los jóvenes no eran maduros o simplemente no sabían lo suficiente para desempeñarme en un puesto tan importante. Entonces pensé, entre mi edad y mi género, necesitaré demostrarles con valentía quién soy yo para poder seguir sentándome en la cabina todos los días de mi carrera.

Pero no estaba dispuesta a renunciar a mis sueños de querer convertirme en comandante. Mis afectos de la vida comenzaron a alentarme a terminar mis estudios universitarios, los cuales había iniciado durante mi entrenamiento de vuelo. De esa manera, en caso de que no lograra mi meta de ser comandante, al menos terminaría mi carrera en Comercio Internacional. Entonces, estudié y volé, esperando un ascenso que sabía que llegaría algún día.

Mis jefes no entendían por qué quería estudiar otra cosa. A veces, debido a mis vuelos, no tenía tiempo de estudiar para los exámenes de la universidad. Asimismo, debía estar informada de las actualizaciones relativas del avión y siempre debía revisar los procedimientos. Durante ese tiempo, recuerdo que nunca pude tomar unas vacaciones porque estaba estudiando, asistiendo a clases, exámenes o volando en un simulador. Intensifiqué mis estudios tomando clases en verano y durante las vacaciones. Mi objetivo era graduarme en cuatro años ¡y no sabía si realmente lo lograría!

LAS ALAS DE COMANDANTE

En 2018, nuestra aerolínea volvió a tener un nuevo presidente con el nombre de General Ramón Velásquez Araguayán. Él cree en el desarrollo de la mujer y estaba firmemente interesado en mi ascenso. Creo que, como paralelamente estudiaba otra cosa mis jefes pudieron haber pensado que no estaba completamente comprometida con mi carrera de aviación, lo que pudo haber incidido en la demora en mi ascenso a comandante. O pudo haber sido simplemente la cultura de "machismo" en el campo aeronáutico y la dificultad que tienen los hombres en aceptar a las mujeres en la industria. De cualquier manera, gracias a Dios que el nuevo presidente no lo vio de esa manera. Él me apoyó en mis estudios y yo estaba tan emocionada que después de seis años y 3000 horas de vuelo ¡al fin recibí el ascenso a Comandante, a la edad de 27 años! En 2019, completé mi Licenciatura en Comercio Internacional en cuatro años, ¡tal como lo esperaba! Así que ahora tengo esa posibilidad de carrera alternativa si alguna vez quiero dejar las aerolíneas.

Conviasa ahora tiene tres pilotos mujeres, incluidas dos primeras oficiales y yo como la única comandante. Estoy feliz de ver que otras mujeres ahora persiguen sus sueños y están dispuestas a superar los obstáculos que enfrentamos en una industria dominada por los hombres. Mientras tanto, sigo disfrutando de la vida como piloto y de la vista de la cabina, o como a mí me gusta llamarla "¡la mejor oficina del mundo!" Normalmente vuelo entre 70 a 90 horas al mes y disfruto de las personas, del clima y de las rutas; cada día es diferente. También disfruto dirigir a mi tripulación en comunicaciones y sesiones informáticas y enfatizo mi forma tan abierta de ser para cualquier duda o preocupación que algún miembro de mi tripulación pueda tener. Intento ser comprensiva para que puedan llegar a conocerme y a confiar en mí como alguien que pueda lentamente romper las barreras que usualmente tiene la gente mayor hacia los jóvenes, o los hombres hacia las mujeres. Si me ven en posición de mando, haciendo mi trabajo bien, serán igual que los pasajeros hombres cuando se sorprenden ante mi presencia al abordar el avión. Llegarán a conocerme y confiar en mí por mi trabajo.

Es sorprendente poder haber convertido en realidad mis sueños de convertirme en piloto comercial y que mis logros hayan permitido el avance de las mujeres en el mundo de la aviación en mi país. ¡También deseo cambiar las mentes de quienes suben al avión y se sorprenden al ver que el comandante es una mujer! Las latinas somos trabajadoras, determinadas y podemos lograr el éxito en la aviación o en cualquier otro campo que persigamos. Todos podemos hacer nuestra parte para alcanzar nuestras metas y romper los paradigmas de lo que "se supone" que debemos hacer y lo que podemos lograr. Podemos sorprenderlos a todos.

Andrea Palacios es Comandante del avión Embraer 190 para la aerolínea Conviasa de Venezuela. Se le puede localizar en Instagram @andre_p1 o en Twitter @andree_p1.

POSDATA COVID-19

COVID-19 fue una noticia devastadora para la industria de la aviación y también para mí. Mis horas de vuelo disminuyeron considerablemente. Solía volar entre 60 y 95 horas al mes y ahora salgo, con máximo, 10 horas debido a la disminución de los vuelos. El protocolo en el aeropuerto y en el abordaje de los vuelos ha cambiado, así como las instrucciones que le damos a nuestra tripulación, desde el uso de guantes y máscaras con trajes protectores hasta hacernos la prueba del Covid-19 después de cada vuelo humanitario.

Han sido muchos los casos de personas afectadas de mi vida profesional y personal. También es estresante que los pilotos no puedan volar. Dejar a un lado la adrenalina que a muchos de nosotros nos impulsa al despegar un avión es muy triste. Pero espero y deseo que esta situación termine de manera positiva para todos y que mi querida industria de la aviación pueda recuperarse mejor que nunca.

JESSIKA HERNÁNDEZ

POSICIÓN ACTUAL

Instructora de vuelo de JW Aviation

AVIÓN FAVORITO

Empate entre el Boeing 747 y el F-18 "Super Hornet"

CITA FAVORITA

"La vida es demasiado corta para elegir algo que no encienda el fuego dentro de ti"

DATOS CURIOSOS

Mis amigos dicen que amo mi leche con un chorrito de café, aunque como buena colombiana debería ser al revés.

Sabía que mi destino era ser piloto. ¡Pero nunca me imaginé que lo haría en los Estados Unidos!

Yo nací y fui criada en Colombia y básicamente crecí en un base de la Fuerza Aérea Colombiana. Mis padres sirvieron en la Fuerza Aérea y aún hoy en día siguen activos. Mi madre tenía un trabajo civil y mi padre no era piloto, pero manejaba logísticas y el apoyo para el despliegue de tropas.

EL AMOR POR VOLAR

Crecí rodeada de militares y de los asombrosos aviones que usábamos para defender al país. Fui testigo de forma diaria del entrenamiento y de los ejercicios de tiro en vivo, los cuales son muy aterradores y extraños para los civiles, pero que a mí me resultaron siempre muy interesantes. Sin embargo, lo más maravilloso de vivir en la base siempre tuvo que ver con los aviones militares.

Disfruté de cada oportunidad que tuve de ver el avión de cerca. Mi padre trabajaba al final de una rampa de seguridad que conducía directamente arriba de los aviones. A veces, en ocasiones especiales, podía subirme a la rampa, caminar directamente hacia los aviones y helicópteros y echar un vistazo a todos los instrumentos de vuelo, las palancas y los botones. Era como si estuviera husmeando en la vida secreta de un piloto militar. Me fascinaba ver todos los aviones que pasaban por la base. Los despegues de y helicópteros eran una experiencia increíble que nunca pasaba de moda.

También se realizaron eventos como el de "Soldado por un

día" en el que pude tener un encuentro cercano con los aviones y helicópteros, y algunas veces se celebraron exposiciones aéreas donde mis amigos y yo tuvimos la oportunidad de sentarnos en la cabina y simular ser combatientes aéreos. Algunos de los amigos de la familia eran pilotos y también tuve la posibilidad de visitar los aviones que volaban en ese momento.

¡Pero ver un avión militar no tenía nada que ver con volar en un avión militar! Es bastante fácil poder volar en un avión militar en Colombia si eres parte de la familia directa de alguien que trabaja en la base. Tuve la suerte de tener la oportunidad de viajar de vacaciones y visitar a mis padres cuando estaba en la universidad volando en alguno de estos aviones. El hecho de volar en uno de los aviones de combate turboalimentados y de alta potencia definitivamente alimentó mi deseo de volar. Sin embargo, incluso antes de comenzar a estudiar aviación me interesaba saber cómo funcionaban los aviones y ansiaba aprender sobre ellos. También sabía que algún día estaría detrás de los controles.

LA VIDA EN ESTADOS UNIDOS

Soy la mayor de tres hijos y la única interesada en seguir una carrera en aviación. Después de graduarme de la preparatoria, estudié Relaciones Internacionales y Ciencias Políticas en la Universidad Militar de Nueva Granada. El plan era que me graduara y me uniera al ejército. Sin embargo, en mi último año de universidad, decidí que necesitaba mejorar mi inglés para mi futura carrera y pensé que vivir en los Estados Unidos sería la mejor manera de hacerlo. Me postulé para un programa de au pair porque era mucho más barato que costear un curso de inglés y también tendría la oportunidad única de sumergirme en la cultura estadounidense viviendo en el seno de una familia.

En diciembre de 2014 comencé a trabajar en Chicago como *au pair*. El cambio de idioma y cultura fue abrumador al principio. Había tomado una prueba de dominio del inglés como requisito para ingresar al programa, pero sabía que tendría que aprender mucho más, muy rápidamente, a través de la inmersión, para prosperar. La familia con la que vivía era única. Sus dos hijos tenían autismo, por lo que fue un gran desafío porque yo no tenía ninguna experiencia con sus necesidades especiales. Sin embargo, los niños fueron extraordinarios y fue la parte del intercambio que más me gusto. Desafortunadamente, la parte más difícil fue trabajar con los padres. Una de las cosas más desafiantes del programa de *au pair* es que no sabes si tú y la familia van a ser compatibles hasta que llegas. Entonces debes lidiar con los choques de personalidad y las diferencias durante todo el año del programa. A pesar de todo, tuve una gran experiencia y aprendí mucho sobre el autismo, y definitivamente sobre mí. El programa me sacó de mi zona de confort y me dio herramientas para estar donde estoy ahora.

Durante mi tiempo en Estados Unidos nunca me olvidé de mi deseo de volar. De hecho, buscaba a mujeres piloto en las redes sociales y encontré mujeres colombianas y mexicanas que eran pilotos comerciales y que se transformaron en los ejemplos a seguir. Decidí que algún día yo también sería una de ellas.

También estaba emocionada de ver que convertirse en

piloto en los Estados Unidos era diferente que en Colombia. Aquí, las personas obtienen su licencia con fines recreativos y como pasatiempo. En Colombia, toda persona que accede a la escuela de vuelo es inmediatamente transferida a las aerolíneas comerciales o al ejército.

Antes de que terminara mi año de *au pair* tuve una oportunidad increíble de quedarme en los Estados Unidos y colaborar con la Cruz Roja en su compromiso comunitario. Podía usar mis habilidades bilingües para asesorar a nuevos inmigrantes a través del sistema, llevar a cabo programas familiares y dar talleres sobre seguridad, prevención, etc. en las escuelas. Me encantaba el trabajo y la gente con la que trabajaba y sentía que estaba haciendo algo muy significativo. Solo había un problema... ¡todavía deseaba volar!

Ya tenía 22 años, mi asignación de au pair estaba por terminar y estaba en una relación. Era el tiempo de regresar a casa, ¿o no? Sabía que tendría una buena vida en Colombia, pero si me quedaba tendría oportunidades increíbles de alcanzar mis metas y sueños en la aviación.

—Mamá, papá, me voy a quedar en los Estados Unidos — les dije—.

Aquello fue de lo más duro que alguna vez tuve que decirles porque sabía que de ese modo estaba renunciando a muchas cosas, especialmente a la convivencia con mi familia. No obstante, tengo la bendición de contar con todo su apoyo y de que respeten mis decisiones porque saben que no las tomo a la ligera. Había considerado la incertidumbre de lo que el futuro traería. Dejé lo conocido por lo desconocido. Todo en mí país y todas las cosas que apreciaba para un mundo nuevo. Fue difícil, pero entendieron que se trataba de buscar oportunidades que no habría tenido en casa y apoyaron mi decisión. Sabía que tenía mucho por aprender sobre la cultura de aquí y muchas otras cosas. Así que di el gran paso y ahora nos mantenemos en contacto todo lo que podemos. Al menos uno o dos veces al año visito Colombia, o mi familia viene de visita a los Estados Unidos.

Comencé a averiguar qué necesitaba para obtener mi licencia de piloto privado en Estados Unidos. Una vez más, mis padres me apoyaron y me animaron a quedarme y lograr mis objetivos en la aviación, aunque a mi madre le preocupa un poco cómo haré para alcanzarlos. En su opinión, para convertirse incluso en piloto recreativo, debo enfrentarme a tres obstáculos básicos: el dinero, el hecho de ser latina y qué haré después de obtener la licencia.

CÓMO SUPERAR LOS OBSTÁCULOS

Me alegra decir que uno a uno he ido superando estos obstáculos en la vida, y sigo…

El primero obstáculo consistió en financiar mi entrenamiento de vuelo. A toda latina que conozco interesada en volar le digo que necesariamente debe enlistarse en el ejército ni en ninguna carrera universitaria de aviación de cuatro años para afrontar los costos de la escuela de vuelo. Así como la gente pide presentamos para ir a la universidad, yo pedí un préstamo para pagar la escuela de vuelo. Cuando lo hice, sabía que podría convertirme en instructora de vuelo y así cancelaría el préstamo. También estaba segura de que podía encontrar fácilmente un trabajo como instructora de vuelo, ya que generalmente tienen una gran demanda. Entonces podría usar mis horas de instructora de vuelo para mi objetivo de convertirme en piloto comercial.

El segundo obstáculo para muchos es el hecho de ser latina. Personalmente, nunca he considerado esto un obstáculo o un inconveniente en mi carrera hasta ahora, excepto cuando comencé la escuela de vuelo en Estados Unidos; me di cuenta de que sabía todos los nombres de los instrumentos y el vocabulario de aviación en español ¡pero no en inglés! De hecho, creo que el ser mujer y ser latina en este campo personalmente me ayuda a esforzarme aún más para demostrar mi valentía y ganarme el puesto que tengo como instructora de vuelo. Sé que hay un cierto prejuicio de que "las mujeres no pertenecen a la aviación", pero eso nunca me alejó de mis sueños.

Creo que la falta de representación de las mujeres (y especialmente de las latinas) en la aviación aquí en Estados Unidos hace que esta carrera parezca difícil de acceder para las mujeres jóvenes. En tal sentido, me complace servir como ejemplo. De pequeña vi que había pocas mujeres en el ejército, así que siempre supe que ahí tenía un lugar. Espero que las jóvenes latinas al ver lo que yo pude lograr se den cuenta de que ellas también pueden alcanzar su sueño de volar. Las redes sociales también son un excelente recurso para encontrar ejemplos de mujeres en la aviación y siguen siendo un lugar al que puedo recurrir para encontrar mujeres como yo que están logrando grandes cosas en la aviación.

Ahora que hace un tiempo que vivo en los Estados Unidos,

la barrera del idioma ya no es un problema y me sé perfectamente los nombres de los controles en inglés. Estoy orgullosa de poder servir como instructora bilingüe y de ser un recurso para toda latina que tenga el sueño de volar. Les recomiendo que se atrevan a la aventura de tomar un vuelo de prueba.

Mi madre se preocupaba por lo que haría después de finalizar mi entrenamiento de vuelo. La respuesta era obvia para mí. Después de completar mi entrenamiento de vuelo en la escuela ATP en el aeropuerto DuPage en 2019, tenía todas las clasificaciones y los requisitos para convertirme en instructora de vuelo y seguir trabajando para lograr mi sueño de convertirme en piloto de una aerolíneas.

Hace casi un año que trabajo en ATP como instructora de vuelo y disfruto cada día y lo que trae. Me siento honrada de poder enseñar a otras personas a hacer lo que más amo y me complace cuando puedo enseñar a otras mujeres. Actualmente, tengo un total de cuatro alumnas y espero que haya más. Estoy orgullosa de que lo que les enseño les permitirá alcanzar sus sueños en la industria de la aviación y también en la vida.

También disfruto de la flexibilidad de mi trabajo y lo encuentro sumamente gratificante. Volar con estudiantes todos los días es emocionante, y cada lección me da más horas de vuelo y me acerca a mi objetivo final: convertirme en piloto comercial. Mientras tanto, vuelo a casa para ver a mi familia dos veces al año, pero algún día no viajaré en la cabina de pasajeros, sino que estaré comandando el avión y cumpliendo mis sueños!

Jessika Hernández es instructora de vuelo en JW Aviation. Conéctate con ella en Instagram @jesiihernandez o jesii.hernandez@ gmail.com.

POSDATA COVID-19

Definitivamente he sentido los efectos de la pandemia tanto en mi vida personal como profesional. Fui despedida de mi trabajo como instructora de vuelo durante un mes. He regresado, pero el entorno ha cambiado drásticamente y me estoy adaptando a la nueva "normalidad" de las interacciones con los estudiantes y mis compañeros de trabajo. El distanciamiento social es difícil de lograr en una cabina pequeña; sin embargo, todos nos hemos acostumbrado a volar con tapabocas y agregar un paso adicional, la inspección previa al vuelo desinfectando el avión.

La parte más difícil de todo esto ha sido el miedo a lo desconocido con respecto al futuro de nuestras carreras. Si me hubieran preguntado hace dos o tres meses sobre la industria de la aviación, les habría dicho que era el mejor momento para convertirse en piloto. Ahora, el futuro es incierto, pero me alegra el corazón ver a mis compañeros pilotos alentarse mutuamente para seguir trabajando en pos de nuestras metas. Debemos recordar que los aviones despegan contra el viento y no con él, por ende, sé que superaremos cualquier dificultad.

Mi novio, que también es piloto, ha sido mi mayor apoyo durante este tiempo. Aunque perdió una oferta condicional para unirse a una aerolínea regional este verano, su buen espíritu mantiene el objetivo principal a la vista. Todos creemos, o esperamos, que esta situación sea temporal. Ya nos sentiremos seguros nuevamente para disfrutar de las maravillas de nuestro mundo. Sabemos que la industria tardará algún tiempo en recuperarse, pero mientras tanto, trabajaremos duro para que todos podamos seguir extendiendo nuestras alas y volando más alto.

VIVIENDO LO CULTURALMENTE INESPERADO

MARIA ELENA
ALVAREZ CAMPS

POSICIÓN ACTUAL

Gerente de Transformación de Airbus Defense & Space

AVIÓN FAVORITO

El Eurofighter Typhoon (¡Por supuesto! Descubrirán por qué
más abajo).

CITA FAVORITA

*"El sol siempre brilla, aunque no lo veas porque se esconde detrás de
las nubes" —Rafaela Camps, mi madre*

DATOS CURIOSOS

Nací en Cuba, crecí en España, me casé con un alemán en
Inglaterra y ahora vivo en Alemania.

La cápsula lunar del programa espacial Apolo que colgaba sobre mi cabeza, cuando tenía 13 años, en el Centro Espacial Johnson encendió una chispa que me traería a donde estoy hoy. Estaba completamente asombrada, nunca en mi vida había visto naves espaciales, trajes de astronautas o rocas lunares. Fue una experiencia completamente inspiradora para una adolescente como yo.

En ese momento, todavía vivía en Madrid con mi familia como refugiados políticos de Cuba. Mi hermana Rosa María y yo estábamos pasando ese verano en la casa de mis tíos en Houston. Cuando volvimos a Madrid, la semilla estaba plantada, de lo único que hablaba mi hermana era de convertirse en astronauta. Como solo tenemos 11 meses de diferencia, la escuela nos puso en la misma clase cuando llegamos de Cuba. Lo hacíamos todo juntas, a menudo, la pasión de mi hermana también se convertía en mi pasión. La idea de poder seguir nuestras andaduras juntas y convertirnos ambas en astronautas era perfecta.

Sabíamos que queríamos graduarnos en Ingeniería Aeroespacial, pero en ese momento solo se podía estudiar en Estados Unidos, y mis padres no tenían los recursos para pagarnos una Universidad en América. La opción más cercana era estudiar ingeniería aeronáutica en Madrid, la única universidad de ingeniería Aeronáutica en toda España.

CÓMO COMIENZA NUESTRO CAMINO

Mis padres sabían poco de la industria aeroespacial, ya que mi padre era contable y mi madre era cantante en el coro de La

Zarzuela de Madrid, la versión española de una opereta.

Entonces, mi padre, buscando asesoramiento le comentó a su jefe de entonces nuestra idea, y su jefe se ofreció para venir a casa una noche después de cenar para aconsejarnos.

Su primera frase fue, "No es buena idea que estudien ingeniería aeronáutica". Después continuó explicando que era un título muy difícil y que había muy pocas chicas en la universidad. Incluso nos dijo que si lográbamos graduarnos, había una única compañía aeronáutica en toda España que podría contratarnos, lo que hacía muy difícil el poder encontrar trabajo. Para finalizar, dijo que no deberíamos preocuparnos y que la mejor solución era estudiar economía u oftalmología. De esa manera al acabar podríamos trabajar en su negocio y tener una vida tranquila y segura. Mi hermana y yo nos quedamos sentadas mirándole sorprendidas, sin palabras. No queríamos responder, porque en ese entonces no se permitía desafiar a los adultos. Entonces, como solíamos hacer en los momentos de desesperación, miramos a mi madre en busca de ayuda. Mi madre siempre nos decía que siguiéramos nuestros sueños y cuando respondió en nuestro nombre sentimos un gran alivio.

"Señor, agradezco su consejo", dijo cortésmente, "pero la única razón por la cual salimos de Cuba con dos maletas y veinte dólares escondidos en el cinturón de mi marido fue para tener libertad y para que nuestras hijas pudieran estudiar lo que quisieran. Si su sueño es convertirse en ingenieras aeronáuticas, entonces las apoyaremos".

El jefe de mi padre se sorprendió por el comentario de

nuestra madre, pero no insistió en el tema. Después de esa noche, tomamos nuestra decisión. Decidimos perseguir nuestros sueños a pesar de sus consejos.

Me gustaría poder decirles que el jefe de mi padre estaba muy equivocado sobre nuestro futuro, pero eso no sería totalmente cierto. Mi hermana y yo empezamos a estudiar ingeniería aeronáutica en la Universidad Politécnica de Madrid. El plan de estudios era tan difícil como decía el jefe de mi padre. Nosotras veníamos de una escuela pequeña donde las matemáticas y la física no eran su fuerte. Y, por supuesto, tal como él predijo, éramos solo cuatro mujeres entre 120 hombres. Muchos de nuestros profesores eran de la Fuerza Aérea y todavía recuerdo, como si fuera ayer, durante nuestro primer año lo que nos dijo el Decano de la cátedra de Dibujo Técnico cuando fuimos a su despacho para que nos diera las calificaciones:

"Ambas suspendieron y les recomiendo cambiar de carrera", dijo categóricamente y continuó diciendo que iba a ser muy difícil para nosotras poder graduarnos e, incluso, que si lo lográbamos, no íbamos a ver ningún avión; todo lo que haríamos sería "diseñar sujetadores", como lo hizo en su día el famoso ingeniero de aviación, Howard Hughes.

Era la segunda vez en muy poco tiempo que nos decían que no alcanzaríamos nuestros sueños. Sin embargo, yo tenía la resiliencia de mis padres. Resiliencia, conforme el diccionario de Oxford, es la capacidad de recuperarse rápidamente de las dificultades. Mi interpretación de resiliencia consiste en no gastar la energía pegándose más de una vez contra la pared, sino en construir una puerta o saltar la pared para llegar a donde quieres estar.

Continuamos con nuestros estudios, trabajamos mucho, estudiamos más y antes de graduarnos conseguimos una beca en Construcciones Aeronáuticas Sociedad Anónima (CASA). Después de mi graduación, continúe trabajando en CASA como ingeniera de cabinas para el avión militar CN-235. Luego, CASA se fusionó con European Aeronautic Defense and Space Company (EADS-CASA), que más tarde pasó a ser Airbus Defense and Space. Asi que después de todo sentí que lo había logrado. ¡Había visto muchos aviones y había diseñado cero sujetadores!

UN PROYECTO EMOCIONANTE

Después de dos años trabajando en Getafe, me destinaron a Warton, Inglaterra, para trabajar en el avión de caza Eurofighter, donde trabajé como Ingeniera en Sistemas de Aviónica, en el Equipo Internacional de Aviónica del programa Eurofighter. Era un entorno completamente diferente y desafiante, en el que trabajaba con un equipo multinacional compuesto por alemanes, ingleses, italianos y españoles. La mayoría eran hombres, y siempre recordaba lo que dijo Eleanor Roosevelt sobre que "Nadie puede hacerte sentir inferior sin tu consentimiento". Seguí adelante, aprendí, cumplí con los objetivos asignados y comencé a dominar el entorno intercultural. A la misma vez conocí a mi esposo, e incluso nos casamos en Inglaterra. Un año después de casados, a mi esposo le ofrecieron un puesto mejor en Alemania.

Afortunadamente, también logré encontrar un trabajo dentro del programa Eurofighter, esta vez como ingeniera del sistema de control de vuelo, en el Equipo Internacional de Control de Vuelo y nos mudamos a Alemania.

Después de un año en Alemania, tuve a mi primer hijo, Alexander Ike, y un año después estaba embarazada de mi hija, Rosa Isabel. Cuando estaba embarazada de siete meses con de mi hija, a mi marido le ofrecieron un puesto aún mejor en Warton, y lo aceptó. Fueron meses de grandes desafíos, mi esposo en el extranjero, yo trabajando y criando a Alex que solo tenía 20 meses, y embarazada de Rosa. Cuatro meses después de su nacimiento, me uní a mi esposo en Warton, como ingeniera de certificación para el programa Eurofighter.

¿Adivinen qué pasó siete años después? Mi esposo aceptó otro ascenso que nos llevó de nuevo a Alemania; otra vez tuve que pedir que me trasladaran, pero en esta ocasión conseguí un ascenso y tuve mi primer puesto de gerencia en la empresa Eurofighter GmbH como Gerente de Aviónica.

Coordinar las operaciones de las cuatro empresas asociadas del programa Eurofighter me ayudó a comprender mejor las diferentes culturas. En el trabajo dirigía un equipo muy diverso y a la vez en casa criaba a mis hijos. Gestionar todas estas tareas fueron grandes desafíos y tuve que hacer muchos juegos malabares para poder encajarlo todo. Muchas veces tuve que usar métodos no "esperados culturalmente" para poder lograr los objetivos de lo que yo llamo mi tercer bebé, el "Eurofighter Typhoon."

El Eurofighter Typhoon es el avión de combate, con

capacidades aire-aire y aire-superficie que se pueden desplegar simultáneamente, más avanzado del mundo. Está propulsado por dos motores EJ200 que ofrecen una impresionante relación empuje-peso y maniobrabilidad. Es un sistema de última generación que desde su lanzamiento ha logrado duplicar la cantidad de naciones que lo han comprado. Uno de los momentos que atesoro con mayor orgullo fue cuando presentamos los hitos de la Fase 1 del EMAR21 (Requisitos Europeos de Aeronavegabilidad Militares) y tuve el honor de ser seleccionada como oradora de la industria en la Ceremonia de Reconocimiento Mutuo de la Naciones en enero del 2016. Y lo mejor de todo fue cuando recibí en marzo de 2016, el informe laudatorio del Gerente General de la Agencia OTAN de Gestión del Eurofighter y del Tornado (NETMA) por mi desempeño en el programa. Haber sido parte del desarrollo de un avión tan increíble ha sido emocionante y todo, menos aburrido.

NUEVAS DIRECCIONES

Habiendo alcanzado el éxito en el programa Eurofighter, quería ampliar mis conocimientos y aprender sobre otras áreas de nuestro negocio. Trabajé tres años en la sede de Airbus Defense and Space en Ottobrunn, en el sur de Alemania, donde ocupé diferentes cargos de gerencia en funciones centrales de producción e ingeniería en diferentes líneas de negocio.

El año pasado, me volvieron a llamar del programa Eurofighter para formar parte de un nuevo Equipo Internacional de Transformación representando a Airbus España y Alemania como Gerente de Transformación. El objetivo de este grupo, compuesto por consultores externos y representantes de las diferentes naciones e industrias del programa EF, es mejorar el proceso actual para hacer que el Typhoon sea apto para el futuro.

Como parte de mi trabajo diario la promoción de la inclusión y la diversidad son un aspecto muy importante. Para mí es un honor utilizar mi experiencia corporativa, mi conocimiento técnico, mi red de contactos, mi habilidad para la comunicación y mi coaching para brindar apoyo a otras mujeres interesadas en la industria aeroespacial. Dentro de Airbus formo parte de una comunidad llamada "Balance for Business" (Equilibrio en el Negocio) centrada en mejorar la inclusión y la diversidad, en la cual organizamos diferentes actividades como por ejemplo los "Diálogos Directos", en donde nos reunirnos físicamente mujeres y hombres y, a la vez, nos conectamos virtualmente con otras sedes de Airbus a la hora del almuerzo para dar charlas con oradores internos y externos. Las charlas son sobre temas humanos y técnicos, como inteligencia artificial, métodos ágiles, finanzas, mindfulness, cómo encontrar tu propósito, liderazgo y mucho más.

La comunidad de "Balance for Business" se ha vuelto tan popular que este año estuvimos presentes en "Her Career Fair" una Exhibición para la Promoción de Mujeres en Múnich, en donde dimos una presentación explicando cómo Airbus fomenta la inclusión y la diversidad. Este evento despertó el interés de mujeres de diferentes empresas que se me acercaron para hablar y conocer más sobre nuestra comunidad. También pertenezco a otras asociaciones fuera de Airbus, como Cultural & Leadership Learning Lab, Professional Network y Women in Big Data.

En el ámbito privado, estoy desarrollando mi otra gran pasión: coaching. Ahora soy coach ejecutiva certificada y he incorporado mis habilidades de coaching a mi puesto en Airbus. Mi desafío en cuanto al coaching consiste en cómo acompañar a mis clientes; de tal manera que se sientan lo suficientemente seguros, escuchados y cómodos para ser honestos con ellos mismos, de modo que me permitan ofrecerles mi apoyo y a la vez que acepten mi desafío para que puedan encontrar las soluciones que necesitan en su jornada de crecimiento personal.

Considerando mi vida hasta ahora, estoy muy contenta de que mi hermana y yo no siguiéramos los consejos del jefe de mi padre y de que hayamos sido capaces de seguir nuestros sueños. Mi hermana vive ahora en los Estados Unidos y también disfruta de su carrera dedicada a la aviación. Para mí ha sido la gran pasión de toda una vida que me ha traído alegría, una sensación de objetivos cumplidos y la oportunidad de ayudar a otros a vivir una vida que nunca hubieran imaginado. Y como siempre les digo a las mujeres en mis mentorías: "Recuerden que no tienen que ser perfectas, solo tienen que ser grandiosas con los recursos que tienen". No olviden disfrutar de cada día.

María Elena Alvarez Camps es coach ejecutiva y Gerente de Transformación en Airbus Defense & Space. La pueden contractar llamando al +49176 81719300 o a través de LinkedIn, o por correo electrónico en elenaacamps@gmail.com.

POSDATA COVID-19

¿Qué hice durante COVID-19? ¿Acaso hice ejercicio todos los días y ahora tengo un cuerpo de bikini perfecto? ¡No! ¿Inicié un negocio nuevo? ¡No! ¿Aprendí otro idioma o cómo hacer un delicioso pastel? ¡No! ¡Pero eso es lo que nos predicaban las redes sociales! "Ahora que tienes el tiempo que siempre dijiste que no tenías, ¡aprovecha la oportunidad para desarrollarte!". En medio de una crisis mundial sin precedentes, lo último que necesitaba era la presión de las redes sociales que me decían que podía ser mejor que nunca.

¿Qué hice en su lugar? Durante el día, desinfecté mi casa mientras cuidaba a mi esposo —que estaba aislado batallando contra el COVID-19—. Estaba dominando el arte de las reuniones virtuales desde casa mientras trabajaba en un proyecto de Airbus debido al COVID-19 para desarrollar una máquina de reciclaje para las máscaras faciales. Y durante las noches lloraba mucho y rezaba para que mi familia y mis padres, aislados en Madrid, sobrevivieran a esta pesadilla.

Ahora, las cosas están mejorando y poco a poco volvemos a la NUEVA normalidad. Como les he dicho a mis amigos, familiares y clientes durante nuestros intercambios virtuales por las tardes, esta experiencia me ha enseñado a ser compasiva conmigo misma y con los demás, y a ser agradecida por mi presente y todas las pequeñas cosas que quizás nunca antes había notado.

MARIA LASKOWSKI

POSICIÓN ACTUAL

Gerente de Cuentas Multinacionales, Aeroméxico

AVIÓN FAVORITO

Boeing 787 Dreamliner

¡Más espacio, más comodidades!... ¡Es hermoso!

CITA FAVORITA

"Traeume nicht dein Leben, sondern lebe deine Traeume"

(¡No sueñes tu vida; vive tus sueños!)

DATOS CURIOSOS

Conocí a mi esposo en Las Vegas

Era el 31 de julio del 2018, yo estaba trabajando como Gerente de Mercado para Aeroméxico. Había viajado a la Ciudad de México para una junta y estaba entrando en un ascensor cuando uno de mis compañeros de trabajo giró hacia mí y pronunció las palabras que quienes trabajamos en una aerolínea nunca deseamos oír.

—Ha habido un accidente —dijo.

Uno de nuestros aviones, el vuelo 2421, despegaba de Durango, México, con destino a la Ciudad de México cuando una cortante de viento repentina causada por una microráfaga golpeó el avión justo cuando despegaba de la pista. El avión perdió rápidamente velocidad y altitud. El ala izquierda chocó contra la pista y los motores se separaron, derribando el avión, el cual se incendió. Las 103 personas a bordo sobrevivieron, pero 39 pasajeros y miembros de la tripulación resultaron heridos.

Estaba en shock, sentí que no podía respirar. Cuando trabajas en la industria de las aerolíneas sabes que cosas como estas pueden pasar, pero nunca las esperas. Mi corazón estaba con esa pobre gente. ¡Era una pesadilla en una industria que hace que los sueños de las personas se hagan realidad!

LECCIONES DE LA INDUSTRIA

Siempre he considerado los viajes aéreos y la industria de las aerolíneas como un lugar mágico y seguro que lleva a las personas a los lugares a los que más quieren ir. A nadie le gusta llegar al aeropuerto dos horas antes de un vuelo, para estacionar el auto, pasar por seguridad, checar maletas, etc., pero la razón por la que lo hacen es porque vale la pena. A nuestros clientes les emociona viajar para visitar a un amigo por primera vez en mucho tiempo, algunos son hombres de negocios que anticipan el cierre de un acuerdo largamente esperado, parejas amorosas camino a una feliz luna de miel, padres nerviosos que traen a casa a sus bebés adoptados, familias felices que se van a unas cálidas y soleadas vacaciones en la playa y atletas ruidoso que viajan para un juego del campeonato. Quienes trabajamos para las aerolíneas, sin saberlo, participamos de estos milagros cotidianos, gracias a los viajes en avión.

Incluso, cuando el motivo del viaje es triste como puede ser asistir a un funeral, o para ver a un amigo enfermo o para ver a un especialista por una enfermedad grave, la posibilidad de asistir a estos eventos memorables y que cambian la vida tiene que ver con el hecho que existen los viajes aéreos.

Es casi por arte del destino que trabajo en un ambiente multicultural como lo es de una aerolínea, porque nací y crecí en un ambiente de diversidad cultural único en la Ciudad de México. Mi familia materna es de Alemania, así que crecí hablando tanto alemán como español. Incluso asistí a la escuela alemana. Crecí oyendo las canciones tradicionales y de cuna como quien nace en Alemania, y pensé que era algo maravillosamente único de nuestra familia.

Cuando me gradué de la universidad con mi título en Marketing, aspiraba a trabajar en una empresa alemana para poder utilizar mis habilidades lingüísticas. Sin embargo, mi primer trabajo fue como coordinadora de marketing en la industria automotriz. Cuando un amigo me llamó y me comentó que había una vacante en Aeroméxico para un grupo de marketing internacional, aproveché la oportunidad.

Alguien me dijo que cuando lograra un trabajo en la industria de las aerolíneas, no me iría jamás. Para mí, eso fue la realidad. Recuerdo estar en una sesión de fotos de nuestros jets. Recuerdo estar parada ahí, mirándolos regar los pisos para que el avión reluciente se reflejara de forma impactante en la imagen. Amo esta industria, pensé. No importaba que tuviéramos que estar en el hangar a las cuatro de la mañana para poder sacar el avión y prepararnos para que el fotógrafo hiciera sus tomas al amanecer. Todo fue espléndido y glamoroso. Viajé mucho y tuve la oportunidad de hablar alemán en Europa, y también conocí gente y clientes de Alemania.

Empecé en Aeroméxico en un momento interesante. El virus H1N1 se estaba apoderando del mundo, y lamentablemente en México, estábamos en el epicentro. Era 2009 y los viajes aéreos se habían suspendido abruptamente. Estaba trabajando en el departamento de marketing y nos dijeron que teníamos "cero presupuesto" para marketing. Para que la aerolínea sobreviviera, tendríamos que aceptar un recorte salarial del 15 por ciento y continuar haciendo nuestro trabajo de comunicar al público que nuestra aerolínea aún funcionaba y era segura para volar. Uno de los conceptos erróneos más comunes que tuvimos que combatir fue la creencia de que el aire de nuestras aeronaves no era saludable y diseminaba el virus. La verdad es que nuestro avión reciclaba completamente el aire de la cabina muchas veces por hora. Entonces ¿cómo podríamos difundir nuestros mensajes sin un presupuesto?

Nos acercamos a la oficina de turismo de México y a los hoteles que también estaban sufriendo por la mala publicidad y la disminución de los viajes aéreos a causa del virus, trabajamos con una agencia de publicidad y aunque no pudimos pagarles, les dimos pasajes aéreos gratis. En ese momento, nuestra gran competencia era Air Mexicana y no era tan ingeniosos como nosotros. Pronto se declararon en quiebra y cerraron sus puertas, otra víctima del virus H1N1.

La lección importante que aprendí de esa experiencia es que cuando los tiempos son difíciles, debes ver el potencial en todo y en todos los que te rodean. Siempre hay una manera.

VOLANDO A CASA

Intenté trabajar en algunas otras industrias entre el 2010 y el 2013, pero terminé nuevamente en la aviación. En el fondo, es adonde pertenezco. Luego en el 2012, conocí a mi esposo, estadounidense, en unas vacaciones en Las Vegas y él fue el que me impulsó a mudarme a los Estados Unidos. Siempre bromea diciendo que lo que sucede en Las Vegas no queda en las Vegas; te sigue a casa y se convierte en tu esposa y madre de tus hijos. Llevamos casados cinco años.

Entonces, después de escuchar sobre el Vuelo 2421 en ese elevador ese día trágico de julio, regresé al hotel y encendí las noticias. La historia se difundía por los canales y nuestro jefe nos había dicho que no habláramos con nadie sobre el accidente. Pronto descubrimos que el accidente fue causado por una combinación de factores, entre ellos, condiciones climáticas, errores de la tripulación y del controlador de tráfico aéreo y equipo inadecuado.

Trascurridas unas horas, recibí una llamada de la aerolínea con una asignación especial. Había una familia en el Vuelo 2421 que estaba integrada por una madre, un padre, un niño de unos tres años y dos hijas, una de ocho y otra de diez años. Eran de Chicago, pero iban camino a casa cuando ocurrió el accidente. El cuerpo de la hija menor se había quemado en un ochenta por ciento y el padre y la otra hermana también habían sufrido heridas graves. Habían sido trasladados en avión a un hospital de Chicago, cerca de la casa de la familia, para recibir el tratamiento médico adecuado, y la madre y el niño pequeño debían regresar a la ciudad ese mismo día. Como yo hablaba español y era de Estados Unidos, la aerolínea me pidió que los acompañara a Chicago como representante de la aerolínea, pero también a modo de apoyo moral.

Cuando los vi en el aeropuerto, estaba un poco nerviosa. No sabía si la madre iba a descargar su enojo conmigo de alguna manera, ya que yo estaba representando a la aerolínea. Después de todo, ella tenía todo el derecho de estar enojada con nosotros, con los aviones, y por el perjuicio sufrido por sus seres amados. Sin embargo, conocí a una mujer gentil, fuerte y con una endereza algo inesperada para alguien que acaba de ser víctima de una tragedia, sosteniendo de su mano a un niño pequeño tranquilo, pero feliz. Me presenté y pronto llegó el momento de abordar el avión.

Una vez que abordamos, me concentré en mantener ocupado al niño para que la madre tuviera tiempo de procesar todo. El niño y yo nos hicimos amigos rápidamente, pero me di cuenta de que estaba asustado y traté de distraerlo lo más que pude. Justo antes del despegue, giró hacia mí y preguntó: "Este avión no se caerá, ¿verdad?". Sentí mucha compasión por él en ese momento. Sabía que no podría olvidar esa experiencia por algún tiempo.

Sin embargo, lo distraje hablando y cantando canciones cristianas que parecían divertir al niño y animar a su madre. La madre me contó todo sobre su marido y sus hijos. Después de un tiempo, incluso me habló sobre el accidente y cómo en el medio del caos ni ella ni su marido pudieron llegar a tiempo hasta donde estaba su hija. Eso le pesaba mucho en su corazón y todo lo que yo podía hacer para consolarla era escucharla y orar con ella por la niña con la que pronto se reuniría.

Cuando aterrizamos, me pidió que la acompañara al hospital para ver al resto de su familia. El pedido me sorprendió ya que pensé que preferirían tener su privacidad, pero al mismo tiempo me sentí honrada por su confianza. Para ese momento, sentía que conocía a la familia y realmente quería conocerla. También quería tener la certeza de que estarían bien.

En el hospital, la escena, aunque triste, también fue una de las cosas más hermosas que he presenciado. A pesar de las circunstancias, la familia estaba completamente feliz de volver a verse. Mientras observaba la ternura y la devoción, incluso entre los pequeños hermanos, supe que esta tragedia los había unido más estrechamente que nunca. La madre me presentó y la familia me recibió como a un regalo, y no como a un enemigo. El padre incluso me agradeció por volar con su familia. Me sentí bien sabiendo que estaban recibiendo una excelente atención medica en el hospital y también sabía que estarían bien emocionalmente; ¡se tenían el uno al otro!

AMOR DE FAMILIA

Escribí esta historia mientras estaba de licencia por maternidad, habiendo dado la bienvenida al mundo a mi primer hijo, mi pequeño Noah. Pienso en aquella familia tan fuerte de aquel accidente y encuentro en ellos una inspiración para lo que quiero que mi familia llegue a ser también. Todavía me estoy adaptando a ser madre, y actualmente estoy manejando más pañales que las cuentas de compañías Fortune 500 mientras hago la transición de regreso al trabajo. Sin embargo, estoy agradecida de que mi trabajo con las aerolíneas me haya permitido traer a mi madre y a mi hermana aquí para el nacimiento de Noah. También nos permitió a nosotros viajar a México, donde reside toda mi familia, donde él también pudo recibir todo el amor familiar.

Ahora que he retomado mi carrera como Gerente de Cuentas Multinacionales de Aeroméxico, estoy aprendiendo a adaptarme al ritmo rápido de mi trabajo así como a mi nuevo rol como madre. El regreso al trabajo vino con un cambio de puesto y nuevos desafíos, pero no importa si permanezco en el mismo puesto o si asciendo, siempre y cuando pueda seguir siendo la madre trabajadora que quiero ser.

En mi vida, he tenido la suerte de estar rodeada de milagros —todos los días recibo pequeños en la aerolínea, y ahora, uno verdaderamente transformador de mi vida llamado maternidad—. Estoy agradecida por todo y espero recibir más milagros, grandes o pequeños. Estoy lista para recibirlos todos.

María Laskowski es Gerente de Cuentas Multinacionales en Aeroméxico. Ella puede ser contactada en LinkedIn.com/in/maria-laskowski.

POSDATA COVID-19

El virus COVID-19 golpeó justó después de que me reincorporara al trabajo el 2 de marzo luego de mi licencia por maternidad de tres meses. Estaba iniciando en un nuevo puesto como Gerente de Cuentas Multinacionales en Aeroméxico cuando me dijeron que estaba suspendida por un mes, a partir del 13 de abril. Así que, después de seis semanas de haber regresado a trabajar, volví a estar libre. Ahora el tiempo de licencia se ha extendido hasta el 15 de julio y aún no sabemos si se extenderá más.

La buena noticia es que he tenido tiempo de ver a Noah crecer y esta con él; este tiempo me vino muy bien siendo una madre primeriza. Mi bebé tiene ahora seis meses y he estado con él, casi sin parar, toda su vida, excepto las seis semanas que estuve de regreso en el trabajo.

Desearía que mi familia y mis amigos pudieran visitarlo y disfrutarlo también pero, a pesar de no poder salir de casa, me encanta tener tiempo para ser madre de tiempo completo en esta etapa temprana de su vida.

NACIDA PARA EL CTA (Control del Tráfico Aéreo)

LIZBETH ALVARADO

POSICIÓN ACTUAL CURRENT POSITION

Controladora del Tráfico Aéreo, Aeropuerto International

O'Hare

AVIÓN FAVORITO

B1 Lancer

¡Es un avión pesado que maniobra como un avión de combate!

CITA FAVORITA

La vida no siempre sale como lo esperamos, ¡y está bien que así sea!

DATOS CURIOSOS

Trabajo en una torre aunque le tengo miedo a las alturas.

Nunca olvidas las conversaciones que cambian tu vida y te encaminan hacia el éxito. Recuerdo ser una madre joven, recién salida de la preparatoria, tratando de descubrir mi siguiente paso en la vida. Estaba trabajando a tiempo completo, intentando continuar con mis estudios y luchando por mantener a mi adorable hijo, Einar (se pronuncia Ay-nar). Su sonrisa y alegría me impulsaron a hacer más, a ser más, y por supuesto a criarlo bien. Su nombre era de origen vikingo y significa "líder de guerreros". Quería darle una vida que le permitiera desarrollar la fuerza y la valentía que su nombre le daba.

Un día mis dos primos me dijeron que planeaban unirse a la Fuerza Aérea. Uno quería ser piloto y el otro quería ser médico. Cuanto más hablaban de eso, más comencé a considerarlo como una alternativa para mí también. Unirme al ejército me daría un lugar en la vida, un trabajo estable y bien remunerado, y lo mejor de todo, la oportunidad de asistir a la universidad finalizado el servicio.

PIONERA MILITAR

No tenía ningún modelo a seguir en cuanto al servicio militar. Nadie de mi familia inmediata había servido nunca. Sin embargo, mi crianza definitivamente influyó a la hora de tomar la decisión. Me enseñaron que el trabajo duro, junto con la educación, eran la clave del éxito. También me enseñaron sobre responsabilidad, profesionalismo y una sólida ética de trabajo, que aún llevo conmigo hasta el día de hoy. Entonces, comencé a hablar con un reclutador sobre mis opciones y antes de darme cuenta, me enlisté en la Fuerza Aérea de los Estados Unidos de Norteamérica. Mi familia estaba sorprendida, pero muy orgullosa de que yo hubiera tomado la decisión de servir a mi país. Al final, mis dos primos terminaron sin enlistarse y tomaron caminos diferentes para cumplir sus sueños. Lo hice, ¡y fue una decisión que me llevó a una carrera en la aviación que se adapta perfectamente a mí!

Tenía veinte años cuando me uní a la Fuerza Aérea de los Estados Unidos, con la idea de que el servicio sería un medio para lograr un fin. Mi plan era obtener algo de experiencia militar y luego asistir a la universidad concluido el servicio, donde encontraría mi carrera de por vida. Pero la Fuerza Aérea me hizo una prueba de aptitud para ver cómo podía servirles mejor. Cuando obtuve los resultados, no sabía qué esperar, ya que estaba abierta a cualquier oportunidad. Estaba tan sorprendida e intrigada cuando una de las recomendaciones de trabajo resultó ser controladora del tráfico aéreo. Decidí intentarlo.

Completé la capacitación básica en San Antonio, Texas, y luego en una escuela vocacional de Biloxi, Mississippi, para aprender los conceptos básicos del control del tráfico aéreo. Luego me asignaron la Base de la Fuerza Aérea Dyees en Abilene, Texas, donde continúe mi entrenamiento sobre CTA. Trabajé y serví en la Fuerza Aérea durante cuatro años.

¡La prueba de aptitud fue correcta! Realmente disfruté el trabajo en control del tráfico aéreo. Lo veo como un juego de ajedrez. Piezas en movimiento, tratando de llegar a un lugar específico con diferentes variables creando un rompecabezas diferente para resolver con cada nuevo movimiento. Me encantaba ver la diversidad de aviones miliares y conocer sus requisitos en su paso por la base. No había dos días iguales y era un trabajo que te mantenía alerta.

También tengo que decir que el trabajo encajaba bien con mi personalidad. Si bien encuentras muchos tipos diferentes de personalidades entre los controladores del tráfico aéreo, también se comparten muchas cualidades y características de personalidad. Por ejemplo, creo que el noventa y nueve por ciento de los CTA tienen una personalidad tipo A, es decir, son personas que pueden hacer varias cosas al mismo tiempo y son personas muy detallistas. En los momentos de mayor trabajo como ATC, no siempre es necesario realizar múltiples tareas, pero sí pensar y resolver problemas rápidamente. También se debe ser adaptable. Tienes que resolver cualquier problema y seguir adelante. Gracias a mi trabajo, desarrollé la confianza en mí misma y la capacidad de tomar decisiones rápidas y cambiar de rumbo cuando la situación lo requiere.

Creo que se necesita una aldea para criar un niño, y el ejército era parte de la aldea que me ayudó a criar a Einar. Para mi sorpresa, apoyaron mucho mi situación. Siempre tuve guardería disponible, justo en la base, e incluso pude salir temprano del trabajo para asistir a funciones escolares siempre y cuando no comprometiera la misión.

Una vez cumplido mi servicio, regresé a casa en Chicago. Realmente había echado de menos mi hogar y quería que Einar creciera cerca de la familia. También pensé que aprovecharía los beneficios para veteranos y asistiría a la universidad. Pensé en mis opciones y decidí probar algo diferente: enfermería.

BUSCANDO MI CARRERA

Hacía casi un año que asistía a la universidad cuando comencé a extrañar la emoción de la aviación y el uso de esas habilidades que había desarrollado luego de haberles puesto tanto esfuerzo y dedicación en la Fuerza Aérea. Pensé mucho en la decisión. Finalmente opté por dedicarme a la enfermería para tener una carrera, pero mi anhelo por la aviación hizo que me diera cuenta de que ya tenía una carrera: control del tráfico aéreo. En el ejército no solo había recibido experiencia laboral; había encontrado la carrera de mi vida.

Me decían que si estaba buscando trabajo como controladora del tráfico aéreo, era probable que no encontrara uno cerca de casa. Igual estaba dispuesta a intentarlo porque en ese momento de la vida sabía que no quería mudarme y desarraigar nuevamente a Einar. En el verano de 2017 me enteré de que la Administración Federal de Aviación estaba contratando gente. Me postulé y me contrataron. Aún mejor, me dieron el "Santo Grial" de los puestos: me asignaron a la torre de control del tráfico aéreo del aeropuerto de Midway, Chicago.

Si bien es más pequeño que O'Hare, el aeropuerto de Midway se encuentra entre los treinta aeropuertos más transitados del país. Los primeros días fueron un poco estresantes, pero perseveré. Con el tiempo, el trabajo se hizo más fácil, a pesar de que todavía tenía desafíos en el día a día. Las operaciones comerciales eran mucho más complicadas que las militares a las que estaba acostumbrada en Dyees.

Allí controlamos unas 200 operaciones diarias fuera de la base militar. Midway tenía más de cuatro veces esa cantidad, es decir, unas 800 operaciones por día. En Midway el tráfico también era muy diferente al militar. En Dyees realizábamos entrenamiento y luego trabajábamos con uno o dos de los aviones a la vez, generalmente un avión de carga o bombardero. En el mundo comercial las cosas son mucho más rápidas.

Cuando las personas abordan un avión comercial, muy pocos se dan cuenta de cuántos controladores de tráfico aéreo están involucrados en su vuelo. Hay un CTA asignado para ayudar a llevar al piloto desde la puerta a la pista, otro para las salidas y luego varios más durante el vuelo a medida que el piloto ingresa a diferentes espacios aéreos, estados, altitudes y distancias, desde y hacia el destino. Es una transmisión constante de información entre el piloto y el CTA. La gente también piensa en los CTA como en aquellos que están en las torres, pero hay instalaciones completas de CTA en otros lugares que los pasajeros nunca ven. El CTA en el entorno del radar utiliza solo radar para dirigir el tráfico y es tan esencial como el CTA que trabaja en las torres.

Trabajé en Midway durante seis años cuando se abrió una posición en la torre de O'Hare. Einar ya era adolescente, así que pensé que ese sería un buen momento para presentar mi postulación. Fui seleccionada y transferida a O'Hare dos años después. O'Hare es uno de los aeropuertos más transitados del mundo, con un promedio de 2800 operaciones al día. Es sabido que el trabajo de los CTA es de gran estrés, ¡ y los aeropuertos como O'Hare son una de las razones principales! El gran volumen de aviones que se mueven por el campo constituye un desafío en sí mismo. ¡A veces siento que no podemos hablar lo suficientemente rápido para mover todos los aviones! Sin embargo, trabajando en equipo, logramos moverlos a todos, día tras día, llevando a los pasajeros a salvo a casa o a emocionantes visitas y vacaciones. Hoy me encuentro en la torre de O'Hare disfrutando de la acción que nunca para y manteniendo seguros los viajes aéreos.

LA ALEGRÍA DE LOS CTA

He estado viviendo con el ritmo y el estrés interno del trabajo por un tiempo y supongo que estoy acostumbrada a ello. Es el tipo de estrés que no me deja ansiosa al final del día, pero que se asienta en mi cuello y hombros requiriendo un ¡masaje! Aun así, es una carrera que amo. Cuando estaba en el ejército, servía a mi país. Ahora, como civil, estoy sirviendo a una industria que ha hecho posible que nos mantengamos conectados y que sucedan cosas importantes en todo el mundo.

También es una carrera que me permitió apoyar a mi hijo, quien hoy tiene 19 años y se ha convertido en un joven que hace honor a su nombre. Viendo en retrospectiva, puedo decir que él fue mi principal inspiración para estar siempre avanzando en la vida hacia una mejor meta. Ciertamente, no habría estado tan concentrada en conseguir una carrera y convertirme en una CTA de uno de los aeropuertos más transitados del mundo, si no hubiera sido por mi pasión por la aviación y por sustentar a mi familia.

Me alegra haber conocido el CTA, o mejor dicho, que el CTA me haya conocido a mí.

Lizbeth Alvarado es controladora de tráfico aéreo en el Aeropuerto Internacional O'Hare. Puedes encontrarla en Facebook o en LinkedIn como Lizbeth Alvarado.

POSDATA COVID-19

En estos días es extraño presentarse a trabajar en uno de los aeropuertos más transitados del país y encontrarlo vacío. Es tan evidente que el coronavirus y la orden de permanencia en casa ha causado una disminución en el volumen y la circulación de pasajeros. Siendo trabajadora esencial, todavía me presento a trabajar en mi turno, pero nuestras operaciones apenas superan el veinticinco o treinta por ciento. Ahora estamos divididos en tres equipos, de modo que si un equipo tiene a algún miembro enfermo, todo el equipo puede aislarse y ser relevado por otro equipo de respaldo.

El avión de carga parece tener un nuevo significado para mí, sabiendo que están transportando suministros críticos o incluso paquetes para personas que los están esperando ansiosamente en casa. También veo despegar los vuelos comerciales y creo que estos vuelos deben ser muy importantes en este momento difícil. Los CTA nunca debemos olvidar lo importante que es cada vuelo para el pasajero. Todo el mundo en el avión es un pasajero o un miembro de la tripulación de vuelo que otro ser querido ama, extraña o espera. Es nuestro trabajo llevarlos a donde necesiten ir de la forma más segura posible, incluso en medio de una pandemia.

CONQUISTANDO MUNDOS

SUSANA LISSETTE IBARRA CÁCERES

POSICIÓN ACTUAL
Primera Oficial, Kuwait Airways

AVIÓN FAVORITO
Airbus 350. Hermoso, espacioso, sofisticado y el avión de mis sueños para volar.

CITA FAVORITA
"La decisión más fuerte de una mujer es amarse a sí misma, ser ella misma y brillar entre aquellos que nunca creyeron que podría hacerlo" —*Desconocido*

DATOS CURIOSOS
La vida te lleva a lugares sorprendentes e inesperados. Si alguien me hubiera dicho hace años que algún día viviría en Kuwait, volando para Kuwait Airways, nunca les habría creído. Y, sin embargo, aquí estoy.

Tengo muchas personas a las que agradecer por este logro, pero sobre todo a mi madre, Lis Cáceres. Ella es una mujer increíble, una sobreviviente de la guerra civil que emigró con éxito a los Estados Unidos y crió a cuatro niñas, prácticamente sola. Ella también sobrevivió al cáncer de mamá y me ha apoyado a lo largo del camino de lo que fue un viaje muy poco convencional.

CABINA DE DESTINO

Cuando era pequeña y vivía en El Salvador, mi padre tenía un gran interés por la aviación y por ser piloto. Solía llevarme a espectáculos aéreos y compartía su sueño de aprender a volar, aunque nunca llegó a lograrlo. Sirvió en el ejército pero nunca se convirtió en piloto.

En mi caso, cuando era joven tenía otros sueños además de convertirme en piloto. Después de graduarme de la preparatoria, fui a la universidad para estudiar Relaciones Internacionales. Pensé en convertirme en embajadora o desempeñar algún puesto en el que pudiera empoderar a las mujeres. No sabía exactamente qué haría pero quería hacer algo importante que ayudara a promover los derechos de la mujer.

Tenía 19 años y estaba en un recreo de la universidad cuando decidí considerar una búsqueda de azafatas de Avianca El Salvador (TACA). Pensé que podría ser diverto y un trabajo temporal que haría durante los tres meses de receso académico. En cambio, terminé realmente disfrutando el trabajo y me quedé. Durante los primeros seis meses, fui feliz en el puesto, pero después de un tiempo comencé a pasar menos tiempo en la parte trasera del avión y más en la parte de adelante, cerca de la cabina. Finalmente me di cuenta de que allí era donde quería estar. No quería servir y sentarme atrás con los pasajeros; quería pilotear el avión y sentarme en la cabina. Sí, estaba empezando a pensar en que me convertiría en un piloto.

En ese momento, no había absolutamente ninguna mujer piloto en El Salvador. Ninguna. Comencé a pedir consejos y a averiguar cómo podía convertirme en piloto, pero todos los pilotos que trabajaban en las aerolíneas, mis compañeras azafatas, mis amigos y la familia me desalentaban. No había ejemplos a seguir de mujeres piloto y aparentemente nadie pensó siquiera que eso fuera posible. Nadie, excepto mi familia. Mi mamá me dijo que debía buscar una escuela de pilotos, y eso es exactamente lo que hice.

Mi primer vuelo de una hora con un instructor fue todo lo que necesité para saber que mis instintos eran correctos: quería ser piloto y haría todo lo que tuviera que hacer para que esto sucediera. Pero conseguir una licencia era caro. A mi madre le preocupaba cómo podríamos pagarlo y quería que esperara un poco. En cambio, fui a un banco y obtuve un préstamo bancario para cubrir el costo de la capacitación para recibir mi licencia de piloto privado. Le quité la presión de tener que costearlo y me permitió comenzar a trabajar hacia la meta de mis sueños.

HACIA ADELANTE

Mi compromiso con mi objetivo y mi perseverancia sorprendió a todos, incluso a mí. Mi clase de entrenamiento en tierra estaba llena de hombres sorprendidos y conmocionados por mi presencia en la clase. Algunos de ellos esperaba que fracasara. Incluso bromeaban al respecto, pero yo no dejé que ni ellos ni nada me apartara de mi objetivo. El área que rodea el aeropuerto Internacional de Ilopango en El Salvador era muy peligrosa, especialmente a las cinco de la mañana, cuando normalmente tenía que estar allí, pero estaba absolutamente decidida a convertirme en piloto de una aerolínea comercial.

En 2008, mi madre se mudó a Los Ángeles, California, Estados Unidos, con mi hermana menor, Rocío, después de que ella y mi padre se separaran. Como soy la mayor de la familia, mis hermanas Paola y Melissa se quedaron conmigo en El Salvador. Mi madre y yo nos apoyábamos mutuamente en los planes de vida de cada una, y ella prometió darme su apoyo en cuanto a mi objetivo de convertirme en piloto comercial. Mi padre estaba lejos de nosotras en ese momento, pero él también estaba contento con lo que estaba tratando de lograr. En Estados Unidos, mi madre continuó trabajando incansablemente como empleada doméstica y me envió cheques para ayudarme a obtener mi licencia en condiciones de vuelo instrumental y, finalmente, mi licencia comercial.

Luego, tuve que enfrentarme a la desafiante meta de tener que alcanzar las 1200 horas de vuelo para convertirme en piloto comercial. Entonces, me convertí en instructor de vuelo y comencé mi lenta trayectoria para acumular las horas que necesitaba. También continuaba con mis estudios en la universidad, y como era una instructora nueva, había semanas en las que solo estaba en el aire una o dos horas a la semana. Durante un tiempo soporté mi lento progreso diciéndome a mí misma que no era una competencia o carrera y que terminaría cuando pudiera. Pero finalmente, no pude soportarlo más. Necesitaba encontrar otra forma de avanzar más rápidamente.

Conseguí trabajo en La Costeña, una pequeña aerolínea nicaragüense, donde volaba un Cessna Caravan 208. Volaba principalmente a Costa Rica y las islas, y ciudades remotas de Nicaragua. Volaba casi todos los días y en dos años había acumulado 1500 horas de vuelo y estaba lista para traer mi experiencia de regreso a El Salvador. Sin embargo, me di cuenta de que ser pionera en el mundo de la aviación dominado por hombres era más difícil de lo que jamás imaginé.

En 2014 obtuve mi licencia de piloto comercial y acumulé horas más que suficientes para postularme para un puesto en la aerolínea TACA; sin embargo, por algún motivo no me contrataron. Algunos pilotos encargados del reclutamiento me dijeron que regresara cuando tuviera más horas, a pesar de que estaban contratando hombres con menos horas de las que yo tenía. Fue completamente desmoralizante.

Por un tiempo me pregunté si todos tenían razón y si mis sueños eran inalcanzables. Consideré dejarlo e irme a Los Ángeles para estar con el resto de la familia, pero no podía hacerme a distraída ante tanta injusticia. Había mujeres pilotos en Guatemala, Costa Rica, Honduras y Colombia. ¿Por qué no en El Salvador? Sabía que era tan competente como cualquier hombre. Todavía tenía grandes sueños y podía verme a mí misma siendo la comandante de un avión comercial, llevando gente por todo el mundo. Sin embargo, el rechazo por parte de las aerolíneas de mi propio país me hacía sentir bastante poco valiosa y no suficiente. Creo que pasé un mes entero encerrada en mi habitación, deprimida, sin saber qué hacer, solo tratando de descifrar cómo seguir adelante. Entonces Dios escuchó mis oraciones.

OTRO MUNDO, OTRO OBJETIVO

En 2014 abrió una nueva aerolínea, Vuelos Económicos de Centroamérica (VECA). Ellos contrataron a algunos de los pilotos con los que yo había trabajado en TACA y ellos me recomendaron con VECA. Antes de que me diera cuenta, me contrataron como primera oficial del Airbus 319. Entrenamos en Miami, Florida, con los mejores instructores que pudiera imaginar, en el centro de formación de Airbus. Fue un sueño hecho realidad para mí.

Desafortunadamente, VECA cerró debido a problemas financieros en 2017. Fue un momento triste para mí y mis colegas. Pero para entonces, el mundo estaba abierto para mí. Estaba en una buena posición para ser contratada por AVIANCA, la única aerolínea de mi país, pero por suerte para mí, eso no sucedió. En cambio, amplié mis horizontes e investigué mis opciones globales. Me postulé en aerolíneas como EVA AIR de Asia y me rechazaron de inmediato, solo por ser mujer. Tenía amigos que trabajaban en aerolíneas de Medio Oriente como Kuwait Airways, Qatar Airways, o Emirates y hablaban muy bien de ellos. Me animaron a postularme en ellas y recibí una entrevista para

Kuwait Airways. Cuando volé a Estambul para la entrevista, me contrataron de inmediato. En ese momento no sabía que estaba a punto de convertirme en la segunda mujer piloto en la historia de la aerolínea. Primero, no obstante, tendría que mudarme a Kuwait.

La mudanza a Medio Oriente fue un cambio drástico que me daba un poco de temor. Todo en mi vida cambió. Llegué a Kuwait en el verano del 2017 cuando la temperatura era insoportable, llegaba hasta los 120 °F (48 °C) cada día. También era Ramadán, una celebración religiosa musulmana que consiste en un período de ayuno desde el amanecer hasta el atardecer, sin comer ni beber en público.

Las dos primeras semanas tuve fiebre y dolores de cabeza, añoraba mi hogar, estaba tan lejos de mis amigos y familiares. También experimenté un par de fuertes tormentas de arena históricas, en las que la arena cubre completamente los autos y se hace difícil respirar y dormir, incluso adentro de casa debido a la gran cantidad de arena.

Tuve que adaptarme al código de vestimenta de tener que mantener mi cuerpo cubierto en público (o arriesgarme al acoso) y costumbres como no dar la mano ni hacer contacto visual. También sigo aprendiendo árabe y mejorando cada día.

En el trabajo, el entrenamiento en mi nuevo avión fue duro y tuve que aprender a trabajar con hombres árabes, algunos de los cuales al principio se negaron a volar con una mujer y no me tomaban en serio. Estaba algo acostumbrada a esto desde mi país de origen; como mujer piloto, siempre me ponían a prueba y evaluaban mi aptitud. Necesitaba demostrar mi valentía tal como lo había hecho con todos los demás aviones que había comandado. Hoy vuelo el Airbus 320 a destinos como Roma, Múnich, Mumbai, Delhi, Frankfurt, Viena, Ginebra, Beirut, Estambul, Dubái, Qatar, Pakistán, Egipto y Arabia Saudita. Ahora mis compañeros saben lo que soy capaz de hacer y me respetan por ello. Aunque mi desempeño en el trabajo no depende de lo que piensen ellos; creo que si primero te impresionas a ti misma, naturalmente impresionarás a los demás.

Mi próximo objetivo en este momento es uno que involucra a las mujeres de todo el mundo y es el de convertirme en la primera comandante "expatriada" de Kuwait Airways. Un expatriado es alguien que no es nativo del país, y desde que llegué, he aprendido que las aerolíneas nunca han ascendido a un expatriado de primer oficial a comandante. Ahora ese es mi objetivo. Me imagino a mí misma con un ascenso y volando un Boeing 777 o un Airbus 330 o 350, y si esa oportunidad llega, estaré lista para aceptarlo.

Aunque no ha sido fácil, estoy orgullosa de ser una mujer de la industria, abriendo camino a otras en esta parte del mundo. Sin embargo, no sé cuánto tiempo estaré en las aerolíneas. No me gusta pensar que seré primera oficial para siempre y sé que estoy entre los diez primeros en antigüedad en este momento. Me gustaría estar aquí el tiempo suficiente para reunir todos los requisitos y luchar por un puesto de mujer comandante. Veremos qué pasa.

Mientras tanto, espero con ansias mi matrimonio, que ya se aproxima, con un maravilloso hombre australiano a quien conocí aquí en Kuwait, y estoy agradecida con mi familia, mi madre y mis hermanas, que me han apoyado en cuanto a lo económico y lo emocional para que pudiera hacer realidad mis sueños. Ahora, las aerolíneas y los pilotos de El Salvador me conocen y me enorgullece ser un ejemplo para seguir para las mujeres a nivel internacional, para que ellas sepan que también hay un espacio para ellas en el mundo de la aviación. He disfrutado de poder conquistar diferentes desafíos a mi manera. ¿Habrá otros mundos que conquistar en mi futuro? ¡Yo espero que sí!

Susana Lissette Ibarra Cáceres es Primera Oficial del Airbus 320 de Kuwait Airways. Se le puede contactar a través de su correo susanalibarrac@gmail.com o en Intagram @susanaibarracaceres.

LA TERCERA ES LA VENCIDA

JACQUELINE PRENCES VALLE

POSICIÓN ACTUAL

Piloto con certificación internacional y propietaria de Nevería La Michoacana, LLC

AVIÓN FAVORITO

Cessna 210. ¡Tengo tantos buenos recuerdos de ese avión!

CITA FAVORITA

"Debemos aceptar la decepción finita, pero nunca perder la esperanza infinita" —Martin Luther King Jr.

DATOS CURIOSOS

Personalmente me encargo de elaborar todas las paletas heladas que vendemos en mi negocio.

Uno de mis mejores recuerdos de la infancia es cuando volaba con mi padre. Crecí en Buenos Aires, Argentina, donde mi papá trabajaba como exportador en la industria del plástico, pero también tenía su licencia de piloto. Los fines de semana hacía pequeños viajes a lugares que estaban a pocas horas de nuestra casa, como la hermosa ciudad de Mar de Plata. Por lo general, llevaba consigo al menos a uno de sus cuatro hijos y como yo era la mayor, a menudo me llevaba a mí.

Yo tenía solo cuatro años cuando obtuvo su licencia, pero recuerdo la alegría que le produjo. La primera vez que me subió a su avión, me enamoré completamente del vuelo. Eventualmente, mi padre compró su propio Cessna 210 y volaba casi todos los fines de semana. Cuando tenía seis años e íbamos camino a una de nuestras excursiones de fin de semana, recuerdo que volteé a verlo y le dije: "Papi, yo también seré piloto". Me sonrió amablemente de esa manera que hacen los padres cuando sus hijos dicen algo lindo, pero ridículo, y me respondió: "OK".

EL SUEÑO QUE PERSISTE

Ya de pequeña entendía las desventajas y los riesgos de convertirme en piloto. Recuerdo un día cuando salíamos hacia Saladillo, Provincia de Buenos Aires, y parecía un gran día para volar. Sin embargo, mientras volábamos, el cielo comenzó a cambiar. Entonces empezó a llover y antes de que nos diéramos cuenta, estábamos en medio de una tormenta inesperada de gran intensidad. Había tanta turbulencia que nos sacudíamos fuertemente y vi cómo mi padre batallaba con los controles. Traté de mantenerme en silencio para que pudiera concentrarse, pero luego giró hacia mí y me dijo: "Tendremos que hacer un aterrizaje de emergencia". Si bien era una niña, sabía que no podía ser algo bueno; es más, también sabía que sería más difícil hacerlo durante una tormenta que en cualquier otro momento.

Me sujeté muy fuerte mientras veía a mi papá tratando de sortear la tormenta. Él hizo todo lo correcto. No cambió la configuración de potencia, seleccionó la configuración para velocidad aerodinámica reducida y mantuvo una altitud constante mientras dejaba que el avión "surfeara la tormenta". No me preocupaba tanto estrellarnos sino los rayos. Cada relámpago que atravesaba el parabrisas me aterraba. Entonces, pude sentir cómo descendíamos. Él había encontrado un campo e íbamos a intentar aterrizar. Me preparé y me sujeté con fuerza mientras papá guiaba el avión tan suavemente como podía hacia un aterrizaje irregular y brusco. Sorprendentemente, todo salió bien, pero es un recuerdo que nunca olvidaré.

Ese hecho, sin embargo, no empañó mi sueño de convertirme en piloto. Especialmente después de esa experiencia, mi papá pensó que solo estaba bromeando acerca de mi meta, pero a medida que yo crecía, también crecía mi pasión por volar.

En mi último año de la preparatoria, recuerdo haber asistido a una reunión de orientación vocacional. Ese día sellé mi sueño de convertirme en piloto de una aerolínea comercial. Fui a casa y hablé seriamente con mi papá para que me permitiera aprender a volar y así poder convertirme en piloto de línea aérea. Papá parecía un poco dubitativo tratando de encontrar la mejor manera de responderme. "Jackie", comenzó diciendo, "sé que te encanta volar, pero esto no es un trabajo, es solo un pasatiempo. Vas a formar una familia y lo mejor para ti será mantener esto como un pasatiempo".

Sus palabras me generaron confusión. Quería mucho a mi papá, pero lo que dijo me molestó. Básicamente estaba diciendo que yo no podría ser piloto de una aerolínea comercial porque había muy pocas oportunidades para las mujeres. Simplemente no me parecía justo. A pesar de eso, con su bendición, continué con el entrenamiento de vuelo. En ese momento era todo lo que podía hacer en pos de mi objetivo.

En ese momento en Argentina había dos formas posibles de obtener mi licencia, al igual que en los Estados Unidos hoy en día. Una parte consistía en clases en el aula y una parte de práctica, y luego el entrenamiento práctico de vuelo y las pruebas. Trabajé duro con una pasión que incluso sorprendió a mi familia. Recibí mi licencia de piloto el 19 de diciembre de 1991. Tenía 18 años. Luego quise obtener una licencia para volar planeadores, es decir, aviones sin motor. Fue la última licencia que obtuve en Argentina, ¡pero vaya que hice buen uso a mi licencia! Volaba a la granja de nuestra familia los fines de semana. Uno de mis mejores recuerdos de vuelo es una viaje que hice con seis de mis amigas cuanto tenía 19 años.

Ahí estaba yo, detrás de los controles, volando con mis amigas a la Isla Martín García. En nuestro grupo de amigas siempre fui considerada como la salvaje y extraña. ¡Ahora lo estaba demostrando! Estábamos todas muy emocionadas, solo nosotras seis, sin nuestros padres. Aprovechamos al máximo cada momento de ese fin de semana, comiendo fuera, asoleándonos en la playa y bailando toda la noche. Y todo fue posible gracias a mi licencia de piloto.

NUEVOS HORIZONTES

Estudié ciencias de la educación, pero mis sueños nunca se desviaron de convertirme en piloto de un avión. Mi hermana, por su parte, quería ir a la Universidad de Berkeley en California. Cuando la admitieron en la universidad, mi padre pensó que era momento de una jubilación anticipada y mudó a toda la familia a California en el año 2000. En aquel momento yo estaba casada y casi al mismo tiempo, mi entonces esposo recibió una oferta de trabajo para Lucent Technologies en Naperville, Illinois, en las afueras de Chicago. Nos fuimos a los Estados Unidos junto con nuestra familia.

Para mi sorpresa, descubrí que en los Estados Unidos no estaba certificada para volar. Como tenía una licencia con vigencia internacional, pensé que no hacía falta nada más, pero descubrí que necesitaba una recertificación en los Estados Unidos. Necesitaba completar un formulario de verificación de licencia y visitar un distrito local de seguridad de vuelo para programar una entrevista con un examinador piloto designado que pudiera verificar mi identidad y mis documentos. Luego tuve que demostrar mi dominio del idioma inglés y hacer un pequeño pago para recibir mi certificado temporario de aviador.

Me decepcionó un poco el tener que esperar para volver a volar, pero me concentré en otras áreas de la vida ¡incluida la maternidad! En el año 2007 di a luz a mi hijo Caleb y luego en el 2011 tuve a mi segundo hijo, Levi. A medida que crecían, me entristecía no poder compartir mi experiencia de vuelo con ellos, pero sabía que mi día llegaría.

Una vez concluido su proyecto en Naperville, mi esposo aceptó un puesto en la Ciudad de México y nos mudamos allí. La mejor parte de vivir en México fue que obtener mi licencia de piloto en México fue relativamente fácil en comparación con los Estados Unidos. Me reuní con un instructor, practiqué menos de 50 aterrizajes con aproximadamente 15 horas de vuelo y luego me certifiqué como piloto privado en México.

Fue maravilloso volver a tener mis alas, esta vez en México. Incluso podía llevar a mis hijos en algunos de los vuelos. Estuvimos en la Ciudad de México durante cuatro años. Desafortunadamente, durante ese tiempo las cosas en mi matrimonio cambiaron y decidí regresar a los Estados Unidos para estar cerca de mi familia. Me instalé en el área de Chicago siendo madre soltera y encontré un trabajo como maestra en la Universidad de DuPage, una universidad comunitaria grande que me quedaba cerca.

Entonces un día mi hermano me hizo una oferta interesante.

—Oye, ¿quieres comprar una heladería y administrarla conmigo? —me preguntó.

Casi me hecho a reír a carcajadas porque no sabía absolutamente nada sobre el negocio de los helados, pero lo vi como un nuevo desafío. Terminamos comprando y abriendo Nevería La Michoacana, LLC, una nevería estilo mexicana de Bolingbrook, Illinois. Ahora estamos en nuestro segundo año de operaciones del negocio y las cosas van bien. Si nunca has probado Michoacana, es muy parecido al gelato o helado italiano. En nuestra tienda usamos solo fruta fresca para hacer las grandes delicias de mango, naranja, plátano, etc. ¡Es cierto que todo sabe mejor cuando está más fresco, y eso es lo que ofrecemos en nuestra tienda!

Hoy, soy proveedora de helados, no piloto de aerolíneas, pero sí todavía pienso en volar mientras hago paletas heladas. Mi sueño sigue siendo obtener mi licencia de piloto en los Estados Unidos y ¡poder reclamar una licencia de piloto en tres países! Me retrasé, pero planeo continuar con mi recertificación en los próximos meses. El cielo siempre está esperándome y volveré pronto. ¡Deséame suerte!

Jacqueline Prences Valle es dueña de la Nevería La Michoacana en Bolingbrook, Illinois. La puedes contactar vía jprencesvalle@gmail. com.

POSDATA COVID-19

La pandemia afectó a todos en múltiples niveles, y me ha impactado particularmente a nivel personal y económico. Al igual que la nueva realidad que enfrentamos después del 11 de septiembre, estoy segura de que esta pandemia traerá una nueva realidad para todos nosotros. Me entristeció perder a uno de mis más grandes mentores en la aviación, Carlos Alberto Lalín, quien falleció el 13 de abril. Fue un piloto increíble que murió esta cuarentena y no recibió el funeral que se merecía.

En este momento, una vez más estoy retrasando mi propósito de obtener mi licencia de piloto privado en los Estados Unidos. Sin embargo, eso no me desanima. Sé que nos esperan tiempos mejores.

ANA URIBE-RUIZ

POSICIÓN ACTUAL

Co-Presidente de la sede Bay Area de Women in Aviation
International

AVIÓN FAVORITO

Piper Archer II

¡Me gustan los aviones de alas bajas!

CITA FAVORITA

"El cielo nunca es el límite; ¡es el comienzo de un viaje!"

Ese es mi lema personal.

DATOS CURIOSOS

En Ecuador, fui bailarina durante dieciocho años e incluso bailé
profesionalmente.

Vivo en el Área de la Bahía de San Francisco, California, en una tierra de clima hermoso donde una piloto como yo puede volar casi todos los días. La vista desde arriba muestra la hermosa diversidad del paisaje de este estado, desde el brillante océano hasta las cimas de las montañas cristalinas y los áridos desiertos. Así como disfruto volar, me emociona poder motivar a la próxima generación. Me encanta poder ayudarlas a explorar la aviación para que ellas también puedan experimentar la alegría que siento al tomar los controles de un avión.

PADRES PILOTOS

En comparación con algunas pilotos, soy relativamente nueva en este deporte, pero siempre he estado rodeada por la aviación. Crecí en un entorno de aviación cuando vivía en Quito, Ecuador. Mi padre y algunos inversionistas habían creado una aerolínea a finales de la década de 1950 que rápidamente se convirtió en la principal línea aérea del país. Se llamaba Ecuatoriana de Aviación.

Mi padre era un experto en el tráfico aéreo. Era el tipo de experto en tráfico aéreo que entendía todo sobre lo que se necesitaba para que un avión llegara del punto A al punto B, incluidas las horas que tardaría y cuánto combustible se necesitaría. Volaba con frecuencia así que pasé mucho tiempo en la cabina con él. Pasé mi infancia haciendo viajes rápidos y cortos, como vacaciones de tres días, a destinos como México. Recuerdo que mis dos hermanos y yo empacábamos un cambio de ropa extra por si podíamos quedarnos un poco más y disfrutar de las vistas. La flexibilidad de viajar en avión fue una ventaja maravillosa para nosotros.

Después de la preparatoria, asistí a la Facultad de Derecho en Ecuador y luego me mudé a los Estados Unidos para estudiar finanzas. Me instalé en Florida y trabajé en un banco. Eventualmente, hice la transición a inversiones bancarias privadas, las cuales involucraban trabajar internacionalmente. Hice muchos viajes a Guatemala, México, El Salvador y otras partes de América del Sur. No pasó mucho tiempo y ya estaba dejando todo por mi carrera. Trabajaba casi todos los días de la semana y era difícil conocer gente. Entonces, un día fui a la casa de una amiga y ella estaba hablando con uno de sus amigos por teléfono. Parecían estar pasando un buen rato y le dije que la persona del otro lado del teléfono sonaba muy divertida.

—Ven, habla con él un rato —me dijo mi amiga, entregándome el teléfono. Y así lo hice.

Su nombre era Daniel, era de Costa Rica y vivía en Nueva Jersey. Realmente disfruté hablando con él. Llamó al siguiente día y descubrimos que teníamos mucho en común. Lo creas o no, a Daniel también le encantaba la aviación y era piloto privado. ¡Hablamos durante dos horas! Luego, comenzamos a hablar entre nosotros casi a diario. Seis meses después fui a visitarlo a Nueva Jersey. Cinco días después, comenzamos a planear nuestras vidas juntos. ¡Llevamos veinte años casados!

En el 2000 vivíamos en Nueva Jersey cuando le dimos la bienvenida a nuestro hijo José María a nuestra familia. José María tiene autismo; agradecía que el sistema escolar tuviera un buen programa para él. Sin embargo, con el tiempo, su necesidad de terapia aumentó. Dejé mi carrera para dedicarme a su cuidado y poder estar presente en sus logros.

En el año 2009 mi esposo fue trasladado a California y nos mudamos allí. Fue todo un cambio. Todo era mucho más caro y estaba acostumbrada a una comunidad más cercana y unida. La gente parecía ser más independiente en la costa oeste. Sin embargo, la escuela fue buena para mi hijo. Finalmente, me convertí en asistente de educación para niños con necesidades especiales en el distrito escolar. Disfruté poder darles a los padres ciertos beneficios de mi propia experiencia con la crianza de José María y ayudar a niños con desafíos como el suyo.

Para Daniel, una de las ventajas de vivir en California era el maravilloso clima para volar. Quería convertirse en piloto comercial con clasificación de aviación de vuelo instrumental (IFR, en inglés) y necesitaba obtener las horas requeridas para hacerlo. Empezó a volar los fines de semana y a menudo, íbamos todos en familia. Después de un tiempo, pensé que, dado que ahora volaba con él con mayor frecuencia, también tenía sentido que yo obtuviera mi licencia. También pensamos que sería bueno tener nuestro propio avión en vez de seguir alquilando uno para mi entrenamiento y las horas de vuelo que Daniel requería, por lo que juntos compramos un Piper Archer II. ¡La primera vez que fui a volar con un instructor me di cuenta de lo que había sido tan emocionante para Daniel todos estos años! Fue un momento que cambió mi vida.

Era el 2011 y tenía cuarenta y tantos años cuando obtuve

mi licencia de piloto privado. Al empezar a aprender más sobre las mujeres en la aviación, me sorprendió saber cuán escasa era nuestra representación dentro de la profesión. Por ejemplo, solo un seis por ciento de los pilotos de aerolíneas comerciales son mujeres. Supongo que como crecí sumergida en la aviación no había pensado en las muchas niñas pequeñas que pudieron haber aspirado a una carrera en la aviación, pero no tenían ejemplos a seguir ni ningún aliento para querer hacer una carrera en aviación. Decidí hacer algo al respecto.

INSPIRANDO A LAS JÓVENES

Después de un poco de investigación, me puse en contacto con la organización Institute for Women of Aviation Worldwide (IWOAW) y organicé el evento Semana de la Mujer en la Aviación en el aeropuerto San Carlos en Bay Area, California. Para mí fue una forma de ayudar a las mujeres jóvenes a conocer las oportunidades que les aguardan en el mundo de la aviación.

Me acerqué a IWOAW como una forma de presentarles a las niñas, especialmente a las de grupos minoritarios, una rama de lo que se conoce como STEM (Ciencia, Tecnología, Ingeniería y Matemáticas). Las carreras basadas en el mundo de la aviación abarcan muchas ramas de las ciencias, incluidas las matemáticas, la ciencia, la meteorología, la física y la aeronáutica. Además, una carrera en aviación va más allá de ser piloto. Pueden ser ingenieras, mecánicas, controladoras del tráfico aéreo, despachadoras, trabajar en la Administración Federal de Aviación o en varios otros trabajos que mantienen a nuestro país en el aire y volando con seguridad. Quería que las chicas de esta generación supieran todo lo que les esperaba si estaban interesadas.

Por lo general, los eventos de la IWOAW se llevan a cabo la primera semana del mes de marzo para conmemorar el mes en que se emitió la primera licencia de piloto a una mujer, Raymonde de Laroche, de Francia, en 1910. Junto con algunos compañeros pilotos de un club de vuelo local, organicé un evento en el aeropuerto de San Carlos, Bay Area, California del 8 al 10 de marzo del 2013. Un hermoso grupo de unas cincuenta niñas adolescentes que asistían a la escuela secundaria y preparatoria de la zona asistieron para aprender sobre la aviación y, por supuesto, para tener una experiencia de vuelo con un piloto privado.

He descubierto que si reúnes a un grupo de niñas latinas y afroamericanas de familias de bajos ingresos en una habitación y les preguntas qué quieren ser cuando se gradúen, alrededor del setenta por ciento de ellas dirán que quieren unirse a la fuerza policíaca o ser una trabajadora social. Sé que sus respuestas reflejan las principales carreras que han visto en acción en sus vecindarios y me pregunto qué hubiera sucedido de haber conocido a más abogados, profesionales de la salud, planificadores financieros, contadores, etc. ¿Habrían elegido estas últimas carreras?

Me apasioné aún más al saber que podía compartir lo que aprendí con ellas.

Las chicas que asistieron al IWOAW estaban emocionadas con sus vuelos y muy agradecidas por toda la información sobre el mundo que había disponible para ellas. El primer año fue popular, pero el segundo fue mucho mejor. En 2014 asistieron alrededor de 400 niñas, diez veces más que al evento inaugural, e invitamos a más oradores, incluidos fabulosos ejemplos a seguir como la primera piloto de combate militar latina que se graduó de la Fuerza Aérea, la Teniente Coronel Retirada Olga Custodio y científicos de la NASA. El evento de un día terminó siendo un programa de tutoría informal con un grupo de pilotos, un controlador, un gerente del aeropuerto, un piloto acrobático y personal militar.

Aún más sorprendente, en el mismo año 2014, me contactaron y me dijeron que iba a recibir el prestigioso Premio Jefferson al Servicio Público por mi trabajo al mostrarles a las mujeres las posibles carreras de aviación. Estaba sorprendida y honrada. Pronto supe que era la primera piloto privada en recibir un Premio Jefferson. Al momento, es uno de mis mayores logros (¡y el más inesperado!) del cual me siento sumamente orgullosa.

En la actualidad soy copresidenta de otro grupo de profesionales increíbles, la sede de Bay Area, San Francisco, de Women of Aviation International, que forma parte de Women in Aviation, sin olvidar mis raíces en IWOAW. También soy agente de seguros agrarios de la compañía aseguradora Farmers, pero mi pasión por generar un cambio en cuanto al debate sobre la presencia de las mujeres en la aviación sigue intacta.

La falta de diversidad en la aviación, especialmente entre las mujeres, debe cambiar, pero antes de que lo hagamos, deben producirse más cambios en los sistemas que impiden el acceso de las mujeres a la aviación. ¿Qué quiero decir con esto?

FORJANDO EL CAMBIO

PREPARATORIA. Debemos comenzar por la base, lo que significa que debemos empoderar a todas las chicas para que participen de las clases de STEM. La ciencia, la tecnología, la ingeniería y las matemáticas son geniales y poderosas. Todo comienza con la educación y la clave está en hacerla interesante para ellas.

UNIVERSIDADES. Antes de que podamos tener diversidad en la industria, necesitamos tener diversidad a nivel universitario. Las latinas son un grupo grande en el país, pero todavía están rezagadas en cantidad en comparación con otras minorías cuando se trata de completar una educación universitaria. Las universidades necesitan abrir puertas e invitarlas a unirse a carreras relacionadas con STEM que le faciliten el acceso a una carrera profesional con oportunidades dentro de las áreas de la aviación y aeroespacial.

NICHOS ESPECÍFICOS. Pocas personas saben que los individuos que manejan los drones son pilotos registrados de la FAA. Piénsalo. Para hacer volar un dron de 5 libras (2,2 Kg) a 400 pies (122 m) de altura se requieren el tipo de habilidades que tiene un piloto. Al igual que el piloto de un avión pequeño, el piloto de un dron debe comprender los efectos del aire, el clima y el terreno para volar un dron de manera segura. Los drones son un ejemplo de nicho en la aviación que pocas personas, incluidas las latinas, conocen. Solo piensen si se les contaran sobre esta posibilidades en la preparatoria.

NUEVAS TECNOLOGÍAS Y SUS OPORTUNIDADES.

Empresas como General Electric continúan fabricando mejores motores para la aviación, mientras que la nueva y mejor tecnología y los sistemas de tráfico facilitan el trabajo a los controladores de tráfico aéreo. Si se les muestra a las jóvenes las nuevas tecnologías que se usan en la actualidad podría estimular su imaginación y ayudarlas a imaginar el futuro y cómo afectará a la aviación y, lo más importante, cómo pueden convertirse en parte de ella.

En el área de las oportunidades disponibles en la aviación, tenemos que inspirar a aquellos que puedan lograr la diferencia. Mi deseo es que en cinco años veamos a mujeres en todos los roles dentro de la aviación. Me gustaría ver más mujeres propietarias de escuelas de aviación, compañías de aviación y que trabajen en los cargos ejecutivos de las aerolíneas. Todas estas áreas de la industria de la aviación todavía están dominadas por los hombres, pero tengo la esperanza de que con mentoría y ofreciéndoles experiencias a las jóvenes dentro de la aviación, eso cambiará.

A cada señorita que conozco le digo que mi lema es: "Recuerda, el cielo no es el límite, ¡es el comienzo del viaje!". Espero que me crean. ¡Porque si lo hacen, sé que algún día las veré sobresalir en el campo de la aviación!".

Ana Uribe-Ruiz es agente de seguros de Farmers Insurance y Co-Presidenta de la sede de Women in Aviation de Bay Area, San Francisco. Ella puede ser contactada a través de: wai.sfba@gmail.com, www.waisfbayarea.org o la puedes seguir vía Twitter @WSfbayarea o Facebook @Women In Aviation San Francisco Bay Area.

POSDATA COVID-19

Aquí en California, donde el espacio aéreo suele estar abarrotado y el aire suele estar teñido de esmog, estamos apreciando los efectos positivos del COVID-19. Como tenemos nuestro propio avión, no tenemos restricciones para volar. Desde varios miles de pies de altura, notamos un aire más claro y un follaje más verde, un posible resultado de la reducción del tráfico de pasajeros, ahora que todos estamos trabajando desde casa. El cielo parece más azul y los pájaros más felices. Mi esposo siente como si estuviera recibiendo tratamiento para su asma, pero en realidad sus pulmones solo están recibiendo un aire más limpio.

Con el tráfico aéreo comercial reducido drásticamente, incluso hemos tenido la oportunidad de volar a algunos aeropuertos importantes como el de San José y el de Oakland para realizar un aterrizaje y despegue "touch and go". Ha sido muy divertido volar en las mismas pistas que utilizan aviones comerciales mucho más grandes.

Lo negativo de esto es que podemos tomar vuelos pero realmente no podemos ir a ningún otro lugar cuando aterrizamos. Nuestro hijo se graduó de la preparatoria este año y no pudo asistir a su ceremonia. Le encanta estar en casa y la cuarentena nos ha dado mucho tiempo para pasar juntos, caminar, pintar y tomar clases virtuales. Hacemos nuestro mejor esfuerzo para disfrutar el momento.

Pero comencé a pensar en esta generación y en todas las cosas que han pasado en su vida. Nacidos a la sombra del 11 de septiembre, crecieron en un mundo donde en la escuela practican simulacros de disparos en lugar de simulacros de incendio. Ahora han experimentado lo que significa estar atrapados por una pandemia. Sin duda, la supervivencia de estas experiencias crearán líderes fuertes y brillantes para el futuro. Un efecto del COVID-19 bien puede ser que surja una generación que será más fuerte y resiliente que cualquiera de las anteriores.

AMANDA GRACE COLÓN NUÑEZ

POSICIÓN ACTUAL

Mecánica aeronáutica e investigadora de accidentes

AVIÓN FAVORITO

SR71 Blackbird

Utilizado por la NASA para la investigación aeronáutica de alta velocidad a gran altura. ¡Espero poder verlo algún día en un museo!

CITA FAVORITA

"En algún lugar algo increíble espera ser descubierto" —*Carl Sagan*

DATOS CURIOSOS

Espero algún día poder ir a Marte.

Estaba en la clase de octavo grado en mi ciudad natal de Oswego, Illinois, en las afueras de Chicago. Estaba en el patio de la escuela, parada apenas detrás de la línea de seguridad de un área formada por un cordón. Era un hermoso día de mayo. Uno de los principales proyectos de fin de año escolar consistía en construir y lanzar un cohete de cartón y ahora, después de unas dos semanas de preparación, estábamos listos. El objetivo del concurso no era solo lanzar el cohete lo más alto posible, sino también colocarles a los cohetes un buen paracaídas para que tuviesen un largo aterrizaje.

Uno a uno, cada grupo comenzó a disparar sus cohetes al aire mientras mi maestra ponía en marcha el cronómetro. Un sonido sordo. Algunos regresaban de inmediato a la tierra. Un zumbido. Otros tuvieron un vuelo breve y sin incidentes. El vuelo de mi grupo, sin embargo, fue mágico. Mi cohete se disparó hacia el cielo azul, desplegó el paracaídas de forma extraordinaria, logrando el aterrizaje más prolongado y prolijo de todos. Fue entonces cuando me di cuenta de que quería saber más sobre vuelos, cohetes y lo relativo a lo aeroespacial en general. Y también fue la forma de validar que podía construir cosas de forma exitosa, un talento que me resulta completamente natural.

SEÑORITA, ARRÉGLELO

Siempre he sido una chica con muchos intereses, pero tempranamente en mi vida surgió la curiosidad natural por desarmar y arreglas las cosas. Me encantaba el desafío. ¡Se sentía tan satisfactorio!

Entré en la Preparatoria de Oswego y decidí tomar tantas clases avanzadas de ciencia e ingeniería como pude. Mis intereses eran numerosos, pero siempre volvía al aspecto práctico de reparar y construir cosas por mí misma. Parecía que para alguien con mis habilidades, a quien le gustaba desarmar cosas solo para ver cómo funcionaban, la ingeniería era una carrera que debía considerar.

Sin embargo, en mi búsqueda de universidades, algunos planes de estudio de ingeniería eran definitivamente más académicos que otros. ¿Acaso quería solo algún tipo de programa técnico o un título de ingeniera? Sabía que no quería dejar de involucrarme arreglando y construyendo cosas. Pero también estaba mi interés por la industria aeroespacial, los cohetes y la aviación. ¿Cómo encaja todo eso? ¡Quería estudiarlo todo!

Luego de una búsqueda extensa, encontré una carrera cerca de casa que combinaba todo lo que yo deseaba. Se trataba de la carrera en Tecnología Aeroespacial y Aviación de la Universidad Lewis en Romeoville, Illinois. Lewis combinaba el mantenimiento aeroespacial con una especialización en la industria aérea que incluía cierto diseño y reparación de estructuras de propulsión y aeroespaciales, además de las matemáticas, la química y la física necesarias para un mantenimiento más avanzado de aeronaves y naves espaciales. "¡Perfecto!", pensé. Todo lo que quería estudiar en una misma carrera. ¡Finalmente pude aprenderlo todo!

LO QUE APRENDÍ EN LEWIS

Al principio descubrí que había elegido un plan de estudios difícil, sin mentores en el camino que me ayudaran. Fui la primera persona de mi familia en intentar una carrera en mantenimiento aeronáutico. Mi mamá trabajaba en un colegio comunitario local y mi papá era gerente de distrito de una compañía petrolera. Mi hermana mayor ya estaba en la universidad estudiando Periodismo y Estudios Latinos. Entonces, aunque estaban muy orgullosos y me apoyaban, no podían darme consejos a la hora de seleccionar los mejores cursos para mi especialidad o guiarme para tener éxito en ellas.

Recuerdo lo abrumador que fue el primer día de clases cuando los instructores repasaron todo el trabajo que teníamos que hacer en el laboratorio durante el transcurso del semestre. Por ejemplo, tuve un curso llamado Estructuras Aeronáuticas 1, que era un curso centrado en la fabricación y reparación de metal laminado. ¿Metal laminado? ¡Yo había construido cohetes de cartón, nunca había trabajado con metal laminado ni mucho menos usado una remachadora para construir una estructura! Aprendí a construir partes de un avión. Hubo momentos en los que tuve miedo al fracaso, pero pronto me di cuenta de que tenía que esforzarme y pedir ayuda cuando la necesitaba. Terminé obteniendo una A en la clase y en laboratorio, e incluso mi profesor me asignó para ayudar a reconstruir las costillas, la piel y el larguero de un Cessna 150 que accidentalmente había caído al piso en el hangar.

Yo estudie… MUCHO. Tenía exámenes todas las semanas y en la universidad me esforcé como nunca en la escuela preparatoria. Mis profesores estaban allí para ayudar, y mi familia me animaba siempre desde la tribuna. ¿Cómo podría fallarles?

Siempre que me sentía un poco deprimida, me decía a mí misma: "Esto es lo que amas, este es tu bebé, lo que te encanta hacer y para lo que eres buena".

Me alegré de haber tenido ventaja en cuanto a la terminología de aviación gracias a mi trabajo de medio tiempo en una pequeña escuela de vuelo cercana donde me ocupaba de gran parte de las tareas de administración. Luego de que mis padres me llevaran allí para un vuelo de descubrimiento cuando estaba en la escuela preparatoria y experimenté el maravilloso poder de sentarme en un avión y estar en los controles, supe que tenía que involucrarme con la aviación de una forma u otra. Había leído en línea que trabajar en la escuela de vuelo era una excelente manera de involucrarse de forma temprana en la aviación, y así sucedió. Fue un gran lugar para aprender y me ayudó a llegar a la universidad.

Trabajar allí me ayudó a exponerme a la terminología de la aviación y me dio acceso a personas de la industria. Mientras trabajé allí, durante unos tres años, también había comenzado mi entrenamiento de vuelo y había logrado hacer un vuelo solitario en avión, ¡incluso antes de aprender a conducir un automóvil!

El hecho de ser una de las únicas mujeres en la carrera fue un desafío. Antes de realmente conocerme, mis compañeros de clase, hombres y mujeres, hacían comentarios y no reconocían mi interés sincero por la aviación. Decían cosas como: "Te pones demasiado maquillaje para ser mecánica", " Realmente no quieres ensuciarte las manos, ¿verdad?", o el más divertido de todos, "Solo estás aquí porque te interesan los chicos, ¿no es así?". Sin embargo, siempre percibía celos y tenía conversaciones conmigo misma para seguir adelante y no permitir que me hicieran sentir menos que ellos.

He aprendido a lidiar con los comentarios malos y a concentrarme en mi pasión y mis objetivos. También he visto el cambio en ellos. Cuando se dieron cuenta de mi pasión y compromiso por la aviación, los comentarios cesaron y me gané su respeto y muchos amigos nuevos.

INVESTIGANDO LA INDUSTRIA

Trabajar en la escuela de vuelo fue gratificante, ya que ese fue mi primer paso verdadero en la industria, pero a medida que seguía avanzando en la universidad, me di cuenta de que quedarme allí los cuatro años no era mi mayor vocación. Dejé mi trabajo para concentrarme en mis estudios y encontrar un trabajo que me permitiera usar todas las habilidades que estaba adquiriendo como estudiante de mantenimiento aeronáutico. Poco después, obtuve una pasantía en DVI Aviation. La compañía estaba ubicada cerca de un aeropuerto local y se especializaba en la investigación de accidentes, las pruebas de laboratorio, ciencia de los materiales y el mantenimiento de aeronaves. Su misión general es mejorar la seguridad aérea, y trabajamos en casos de investigación en los que hubo fallas o accidentes de equipos de aviación.

El trabajo fusiona todos mis intereses: la práctica mecánica de reparación y reconstrucción, mucha investigación de laboratorio y análisis químico, investigación de oficina sobre diferentes materiales, aviones y otros casos, etc. He llegado a construir motores, probar fluidos, usar equipos de laboratorio de primera línea, sistemas eléctricos de construcción y mucho más. El trabajo es increíble, fascinante y definitivamente una opción profesional una vez obtenido el título universitario. Sin embargo, hay sueños más grandes que me empujan hacia adelante y arriba.

La industria aeroespacial es un lugar increíble hoy en día. Asistí a la Women in Aviation Conference 2020 que se celebró en Orlando al mismo tiempo que tuve la oportunidad única de asistir al almuerzo de lanzamiento del Cohete Falcon 9 de la misión CRS-20 de SpaceX. Recuerdo estar parada en la playa, experimentando la impresionante cuenta regresiva, luego verlo volar hacia el cielo, en ruta para entregar experimentos y suministros a la estación espacial internacional. Fue realmente asombroso, y el primer lanzamiento de cohete que pude ver en persona. Me recordó mi clase de octavo grado y despertó mi imaginación. Me recordó por qué estoy aquí y me animó a soñar con lo que puedo lograr dentro de la industria.

También me recordó una de las cosas más hermosas de la industria aeronáutica y aeroespacial y de todos los que la integran: todos entendemos que estamos trabajando para lograr algo que siempre será más grande que nosotros. Aviones, cohetes y naves espaciales más rápidos, de mayor rendimiento y más seguros que aterrizan en otros mundos son todos producto de los sueños. Es una industria de exploración, y cuando miramos hacia nuevos mundos, las posibilidades son impresionantes.

¿Mi objetivo final? Quiero ayudar a enviar gente a Marte,

algo que espero que suceda seguramente durante nuestra vida. Trabajar eventualmente en la NASA o SpaceX como técnica de aviónica o propulsión para contribuir a la misión sería un sueño hecho realidad. Se necesitarán más estudios, experiencia y tiempo para lograr esto, pero estoy preparada para hacer lo que sea necesario para lograr mi objetivo.

Cuando tienes una pasión, no puedes evitar hacer nada más que seguir trabajando hacia tu objetivo. Un subproducto maravilloso de hacer esto es inspirar a otras mujeres con el mismo sueño y corazón aventurero que el mío. El futuro es un cofre de tesoros emocionante y siento que tengo la llave. Todo lo que tengo que hacer es seguir aprendiendo y mirando hacia delante.

Amanda Grace Colón Nuñez es estudiante de segundo año en la Universidad de Lewis y trabaja como mecánica de aeronaves e investigadora de accidentes en DVI Aviation. Se le puede contactar vía correo electrónico en amandagracecolon@gmail.com, Instagram @ astronautamanda o Twitter @astro_amanda.

POSDATA COVID-19

Women in Aviation Conference 2020 tuvo lugar mientras disfrutaba del receso de clases de Lewis. Viajé a Florida con mi mamá y mi novio y fue entonces cuando descubrimos que no regresaríamos a Lewis por mucho tiempo. El país estaba cerrando estado por estado, escuela por escuela, tienda por tienda. El hecho de estar dedicada a la universidad a tiempo completo, hacía que sintiera que el mundo corría a 100 mph (160 km/h). Nunca hubiera esperado una parada tan abrupta.

Marzo sería la última vez que pondría un pie en las aulas o en el hangar de mantenimiento de Lewis por un tiempo. Todas nuestras clases fueron suspendidas una semana más y pasamos al aprendizaje en línea. Fue muy difícil, pero mis profesores son como mis mejores amigos y siempre han estado ahí para todos los estudiantes.

Tan pronto como se levante la orden, las especialidades de aviación regresarán a Lewis para compensar todas las horas de laboratorio requeridas por la Administración Federal de Aviación, mientras usamos tapabocas y nos mantenemos a seis pies (1,5 m) de distancia. Estoy interesada en ver cómo funcionará ya que algunas de las tareas de mantenimiento requieren de un trabajo en equipo para realizarlas de forma segura. Pero soy optimista y sé que el departamento de aviación está haciendo todo lo posible para controlar la situación y mantener a todos sanos y salvos.

EL VIENTO BAJO MIS ALAS

DANIELA RAQUEL CARABAJAL

POSICIÓN ACTUAL

Piloto corporativo

AVIÓN FAVORITO

F4U Corsair y el Challenger 300

Es "mi oficina" estos días.

CITA FAVORITA

"Querer es poder" —María Carabajal (mi madre)

DATOS CURIOSOS

Solía ser gimnasta y espero algún día probar las acrobacias aéreas.

Mi padre, Carlos Julio Carabajal, era originario de Montevideo, Uruguay, un pueblo que quería mucho. Amaba la aviación y obtuvo su licencia de piloto privado allí a la edad de dieciséis años. Y tuvo un sueño. Carlos quería venir a los Estados Unidos de Norteamérica a trabajar y regresar a Uruguay en un Cessna 152. De hecho, ¡ese sueño fue la razón por la que vino a los Estados Unidos en primer lugar!

HIJA PILOTO

Mi padre y mi madre eran inmigrantes muy trabajadores que tenían trabajos en fábricas. Mi madre, María, era de México. Se establecieron en un suburbio del norte a las afueras de Chicago llamado Hoffman Estates. A mi padre le encantaba todo lo relacionado con la aviación y a menudo me llevaba a mí, a mi madre y a mis hermanos a ver el despegue de los aviones de los aeropuertos locales cercanos, especialmente el aeropuerto Schaumburg, que estaba más cerca de nuestra casa. También veíamos todo espectáculo aéreo que podíamos y recuerdo cómo se le iluminaban los ojos cuando me contaba de su experiencia como piloto volando en su país de origen, Uruguay. Aquí en los Estados Unidos, volar parecía estar fuera de su alcance.

En el año 2005, el Día del Padre, mientras mi madre preparaba una cena especial, mi padre y yo hicimos un viaje rápido al aeropuerto Schaumburg para ver los aviones despegar y aterrizar. Un instructor de vuelo nos vio allí y me preguntó si quería subir a tomar un vuelo.

—Gracias, está bien, solo estamos mirando —respondí, pensando que el vuelo sería bastante caro.

—No, ella lo hará —dijo mi padre, para mi sorpresa.

Supongo que quería que yo experimentara la misma alegría que sentía él cuando solía volar. El instructor nos dijo que volviéramos alrededor de las seis, así que regresamos a casa hasta la hora del vuelo. Corrí a la casa con entusiasmo y le dije a mi mamá lo que iba a hacer.

—Ella no va a subir a un avioncito como ese solo por diversión —dijo mamá, obviamente preocupada por mi seguridad.

—No te preocupes —le aseguró mi papá—.Si le gusta, entonces sí te puedes preocupar.

Resultó que papá había ahorrado un poco de dinero para cubrir el costo del vuelo esperando que yo disfrutara volar tanto como él. ¿Y adivina qué? ¡Lo hice! ¡Era Entonces mi mamá debía preocuparse porque yo sabía que definitivamente tenía que volver a estar en el aire.

Cuando tenía diecinueve años, mi padre sabía que yo quería hacer del vuelo mi carrera. Fue entonces cuando me dijo que había ahorrado seis mil dólares y que quería destinarlo para mi licencia de piloto privado. En ese momento era instructora de gimnasia artística y asistía al Harper Community College para obtener un título de pregrado universitario, y además, ahora le sumaba las tres veces por semana de entrenamiento de vuelo a mí ya apretada agenda.

Después de obtener mi licencia de piloto privado, supe que no quería detenerme. Supongo que me había contagiado del mismo interés que tenía mi padre. El siguiente paso era obtener mi certificación en vuelo instrumental y estuvimos de acuerdo en que era lógico asistir a una universidad en la que pudiera seguir una carrera como piloto profesional. Decidimos que asistiría a la Aviator College of Aeronautics (AU) de Fort Pierce, Florida. Mi papá estaba muy emocionado, pero para poder lograrlo necesitaba un préstamo y conseguirlo fue difícil. Solo mis padres podían solicitar uno, pero ellos no cumplían con los requisitos necesarios. Pero cuando finalmente logramos ahorrar lo suficiente para que pudiera hacerlo, recuerdo lo emocionado que estaba él por mí. Su sueño de verme convertirme en piloto se estaba haciendo realidad.

PARA MI PADRE

Mi papá era mi apoyo a la distancia en cada paso del camino de mi entrenamiento. Hablaba con él antes y después de casi todos los vuelos, compartiendo lo que había aprendido y contándole lo que me esperaba a continuación. Me dio consejos, consuelo y apoyo moral. Siempre que sentía que fallaba, él me animaba y me hacía creer que podía conquistar el mundo. Una vez me envió una grabación de la canción *Wind Beneath my Wings* de Bette Midler. No, me dije a mí misma, ¡él es el viento bajo MIS alas! Siempre podía sentir su presencia conmigo y sabía que juntos podríamos completar el programa con gran éxito.

Hacía solo unos cuatro meses que asistía a la AU, pero ya estaba inmersa en mi formación cuando recibí una llamada repentina e inesperada de casa. Era mi hermana al teléfono e inmediatamente supe que algo estaba mal.

"Daniela", comenzó diciendo con lágrimas, "Papá tuvo que ser operado por su problema con la aorta. Es un aneurisma.

Todavía está en cirugía… pero deberías volver a casa".

Inmediatamente, sentí que mi mundo se derrumbaba mientras permanecía en estado de shock con mi teléfono en la mano. Mi padre sano y feliz, con quien había hablado el día anterior, estaba en una operación que ponía en riesgo su vida.

Llegué a Chicago, corrí al hospital y encontré a mi familia reunida en la sala de espera. Hasta el día de hoy todavía puedo ver el rostro ansioso de mi hermano y de mi madre, parada allí llorando, junto a un sacerdote. "Lo siento, Daniela, se ha ido", dijo.

De repente sentí que una parte de mí me abandonaba. Mientras permanecía allí parada en estado de shock mi madre me explicó suavemente que habían encontrado la aneurisma, pero que había muerto por complicaciones en la cirugía. ¿Cómo podía ser? Mi padre era una de esas personas que nunca se enferman. Solo tenía sesenta y seis años.

Mi plan era quedarme en Chicago con mi familia. Mi padre realmente había sido el viento bajo mis alas y ahora, la inspiración de su amor y apoyo se había ido. Estaba sola y había perdido todo interés por volar. ¿Cómo podría seguir volando sin saber que él estaba ahí animándome?

Todos en la escuela de vuelo fueron muy comprensivos, ya que habían conocido a mi padre en varias ocasiones en las que deseaba probarle que estaba en buenas manos. Me animaron a terminar mi carrera, aunque sólo fuera para honrar a mi padre. Mi madre y yo, destrozadas por el dolor de su pérdida, consideramos el mismo curso de acción.

"Es lo que él hubiera querido", dijo, pero yo sabía que seguir adelante sin él sería muy difícil. Necesitaba tenerlo frente a mí como motor para continuar mi entrenamiento. Al igual que aquel histórico Día del Padre, mi madre todavía estaba nerviosa por mí, pero confiaba en el programa y me apoyó tanto como pudo para llenar el vacío que había dejado el fallecimiento de mi padre.

En el año 2009 completé el programa de piloto profesional en la AU y obtuve una licencia privada multifuncional, con calificación multi-instrumento, multi-comercial e individual, instructora multi-instrumento, instructora de instrumentos e instructora de vuelo monomotor. La fiesta de graduación fue agridulce porque la persona que más la hubiera apreciado no estaba para disfrutarla.

Regresé a Chicago con el plan de convertirme en instructora de vuelo en una escuela de vuelo local para obtener mis horas. Entonces, un día, un amigo de la familia se acercó a mí para hablarme acerca de uno de sus socios comerciales que, según sabía, estaba por comprar un jet privado y buscaba un piloto. Era propietario de una empresa de construcción muy exitosa y necesitaba realizar viajes semanales, principalmente dentro de Estados Unidos y también a América Central y América del Sur. Cuando nos contactamos, me ofreció ponerme en entrenamiento de vuelo para convertirme en la piloto oficial de su jet de tamaño medio de la serie Citation VII. Sabía que era un avión hermoso, nuevo e increíblemente rápido que tenía capacidad para nueve pasajeros. ¡Dije que sí inmediatamente!

Después de entrenar y obtener el tipo de clasificación para

su avión, estaba lista para comenzar. Fue mi primer trabajo en la aviación y debo admitir que estaba un poco nerviosa, pero también sabía que mi papá hubiera estado orgulloso. A medida que me adentraba en la aventura de convertirme en piloto corporativo, mi objetivo de convertirme en piloto de una aerolínea comercial se desvanecía gradualmente de modo que descubrí la libertad y flexibilidad que implicaba volar para operaciones corporativas.

Piloteé el Citation VII corporativo durante unos dos años y disfruté muchísimo pilotear el jet de la empresa por todo el mundo. Volamos a destinos divertidos de Argentina, Perú, Panamá y las Islas del Caribe. En viajes más largos, pasaba la noche y tomaba mi tiempo libre para hacer turismo y relajarme. Tomaba un bolso y me iba a tomar sol en la playa o esquiaba en las montañas. ¡Fue maravilloso!

CÍRCULO COMPLETO

Me siento tan afortunada ahora. Me despierto todas las mañanas y siento que me pagan por dedicarme a mi pasatiempo favorito, el cual amo. También he llegado a apreciar las diferencias obvias entre volar para aerolíneas comerciales y operaciones corporativas.

Me encanta la autonomía de ser piloto corporativo y prefiero la variedad de rutas, los horarios flexibles y los viajes más largos. También me gusta volar un avión más pequeño, más ligero y mucho más rápido que navega a cuarenta y cinco mil pies (13,7 km), unos diez mil pies (3 km) más alto que un avión comercial; ¡Es mucho más eficiente! También disfruto de los detalles prácticos relacionados con la planificación de los vuelos corporativos y del servicio de atención al cliente de los pasajeros mientras están a bordo. Me preocupo por la aeronave en sí, su limpieza, el suministro de comidas y solicitudes especiales de los clientes. Para mí, no se trata solo de volar del punto A al punto B, sino de brindar a los pasajeros un vuelo memorable.

Aún no he trabajado para una aerolínea. Los vuelos corporativos se adaptan a mi estilo de vida, y en estos días vuelo un Challeger 300. Trabajo en estrecha colaboración con mi socio de cabina de vuelo para garantizar operaciones seguras y eficientes y proporcionar un entorno de colaboración donde podamos resolver cualquier discrepancia. Sin embargo, mi padre nunca está lejos de mi mente.

Recuerdo un viaje en particular a Argentina en el Citation. Estaba pensando en mi padre y de repente me emocioné mucho cuando me di cuenta de lo cerca que estábamos de Uruguay, el país de origen que tanto amaba. Recuerdo su sueño, y cómo quería volver allí en un Cessna, para visitar a la gente de su pasado, especialmente a una amiga suya llamada Marta.

Marta y mi padre eran muy cercanos, pues crecieron en el mismo vecindario. Los padres de mi padre y los padres de Marta eran amigos, lo que hizo que papá y Marta fueran como hermanos. Pero con el paso de los años habían perdido el contacto.

Aproximadamente un año después de la muerte de mi padre, mi hermano Carlos me dio algunas noticias interesantes. La hija de Marta se había buscado a mi familia a través de las redes sociales. Encontró a Carlos, que le dio la mala noticia de que mi padre había fallecido. De repente sentí la necesidad de conectarme con Marta y su hija. Seguramente, sería lo que mi padre hubiese querido que hiciera. Tal vez él no pudo cumplir su sueño de regresar a su país de origen en un Cessna, ¡pero yo podría hacerlo por él!

Me sorprendió cuando me conecté con Marta y ella me dijo que ahora estaba viviendo en Argentina y que le encantaría conocerme. En uno de los viajes a Buenos Aires con el Cessna acordamos encontrarnos en el Hotel Four Seasons. Mientras me dirigía a nuestro punto de encuentro, reconocí a Marta por su foto de Facebook. Cuando nos vimos, nos abrazamos como viejas amigas perdidas. Me había sido familiar por las historias que me contaba mi padre durante tanto tiempo que sentí que la conocía de toda la vida.

Me había encontrado con alguien que recordaba a mi padre como piloto. Y, casi de inmediato, reconoció que mi padre y yo éramos almas gemelas. Sus ojos brillaban al mirarme.

"Él siempre dijo que volvería en un Cessna", dijo y "lo ha hecho". Ambas lloramos al recordar su alegría y amor por la aviación. De alguna manera sentí que había cerrado el círculo con mi padre. Él me había ayudado a lograr mi sueño y yo lo había ayudado a lograr el suyo.

Unos años más tarde, mi madre se las arregló para cumplir uno de los últimos deseos de mi padre. Nuestra familia regresó al pueblo que él tanto amaba, Montevideo, Uruguay, para un servicio conmemorativo especial para esparcir sus cenizas, rodeado de quienes lo recordaban. Fue un tributo apropiado para un hombre con un sueño que fue el viento bajo mis alas que me dio vida, amor, e inspiración para volar.

Daniela Raquel Carabajal es una mujer piloto profesional corporativa de un Challenger 300, en las afueras del área de Nueva York. Se le puede contactar vía correo electrónico: Daniela.Raquel1@ gmail.com.

POSDATA COVID-19

Aunque vivo en Nueva York, ciudad que se ha visto muy afectada por la pandemia, tengo la suerte de volar un jet corporativo para un propietario y estoy a bordo con el mismo grupo de personas con las que siempre he viajado. Como su movilidad ha disminuido, también ha disminuido mi tiempo de vuelo, y definitivamente nos estamos quedando en el país. Para otras compañías de vuelos chárter, que necesitan volar para obtener ganancias, el COVID-19 ha sido devastador. Las aeronaves son caras de mantener y deben recibir mantenimiento estén o no en uso.

Al igual que todos los aviones en estos días, estamos tomando precauciones adicionales con la limpieza antes y después de cada vuelo, pero por supuesto, dado que hay menos personas en el avión, en principio, es un entorno más seguro que otros. Aquí en Nueva York la fecha de levantamiento de la cuarentena se ha pospuesto hasta junio y no sabemos qué pasará después. Solo estoy agradecida de poder seguir volando, incluso de forma limitada, ya que todos estamos luchando contra este virus.

UN DESAFÍO A LA VEZ

ANA PAULA GOMEZ PUERTO

POSICIÓN ACTUAL

Primera oficial, Copa Airlines

AVIÓN FAVORITO

Aerobus 380

Espero volar uno por rutas más largas algún día..

CITA FAVORITA

Ten fe.

DATOS CURIOSOS

Soy la única mujer piloto mexicana de Copa

¡Los controladores de tráfico aéreo me conocen por mi acento!

—¿Es difícil convertirse en piloto?

Me han hecho esta pregunta muchas veces y sé que a muchos otros pilotos de aerolíneas también se la han hecho. Y si le haces esa pregunta a diez pilotos, obtendrás diez respuestas diferentes. Si me preguntas a mí, tendré que responder que definitivamente es "todo un desafío".

Pero cuando tienes tu primer vuelo de descubrimiento en un país nuevo y hermoso, con un instructor divertido que está decidido a emocionarte, ¿cómo puedes irte sin querer más? Mi primer vuelo fue el 6 de agosto de 2014 en Panamá, en un Cessna 172, con un instructor que me llamaba "taquito" por ser mexicana. Me dijo que no tuviera miedo, pues sería igual que estar en un avión de pasajeros. Cuando nos encontrábamos sobre el lago of Calzada Larga, que es un área donde muchos pilotos practican vuelo en Panamá, me preguntó si tenía miedo, pero lo que realmente sentía era emoción. Sentí como si estuviéramos casi tocando el agua mientras volábamos a alta velocidad y nos acercábamos al lago. Mi adrenalina ascendió y tuve esa sensación de estar en una "montaña rusa" al no poder controlar la alegría que me inundaba. Sí, quería ser piloto, como mi padre. Al menos eso es lo que pensé en ese momento.

NUEVOS DESAFÍOS

Crecí en el hermoso estado costero de Quintana Roo en México, aunque mis padres me contaron que cuando tenía uno o dos años vivimos en Verona, Italia, por un tiempo. Soy la tercera de cuatro hijos; tengo una hermana menor y dos hermanos mayores. Asistí a la escuela en Monterrey. Mi padre sustentaba a la familia trabajando como mecánico. Sin embargo, siempre soñó con convertirse en piloto. Le tomó años, pero, finalmente, completó el entrenamiento de vuelo y el trabajo necesario para convertirse en piloto comercial. Obtuvo su certificación y encontró un puesto en una aerolínea mexicana llamada Aviacsa. Unos años después, cuando la aerolínea quebró, mi padre empezó a buscar trabajo en otro lado.

Así fue como la familia terminó en Panamá, con mi padre tomando un trabajo en Copa Airlines, la aerolínea más importante de Panamá. Tenía trece años cuando nos mudamos a Panamá y, al principio, no podía acostumbrarme. Extrañaba a mis amigos y mis actividades de México, a pesar de que Panamá parecía una comunidad más segura, más moderna y más unida. Todo el mundo parecía conocerse. Panamá es mucho más pequeña que la costosa tierra de México, donde hay una amplia variedad de topografía, clima y población dependiendo de dónde te encuentres. Panamá es mucho más compacta y parece tener dos estaciones: soleada y calurosa o lluviosa. Me recuerda un poco a Cancún, México.

También parecía que todos en Panamá hablaban inglés, idioma que no aprendí bien mientras vivía en México. Éste se convirtió en uno de mis desafíos más inmediatos. Dar discursos en la escuela era difícil y muchas veces los estudiantes se reían de mí porque hablaba mal el inglés o porque hablaba español con acento mexicano.

Para cuando me gradué de la escuela preparatoria, me

familiaricé mucho mejor con mi nuevo hogar, mi país y con el inglés. Todavía estaba interesada en convertirme en piloto, pero comencé a dudar de mí misma. Claro, a todo el mundo le gusta la aviación en el momento, pero estaba segura de querer hacer de eso mi carrera. ¿Cómo sabría que sería buena en eso? Quizás no estaba hecha para ser piloto. Mi padre me animó sin presionarme. Siempre me ha dejado ser independiente y estudiar y tomar decisiones por mi cuenta. Entonces, tuve que decidir sola si estaba lista para embarcarme en la aventura de convertirme en piloto. Me tomó unos meses, pero finalmente decidí dar el salto.

El siguiente desafío era el financiero. La escuela de vuelo era costosa y cuando me inscribí en 2014, utilicé todos mis ahorros y el dinero de mi familia necesario para hacerlo realidad. Luego, como solución, me trasladé a una escuela de vuelo diferente que ofrecía una beca por la mitad de la matrícula. Para ingresar a la escuela e intentar obtener la beca, tenía que aprobar un examen. Entonces, tomé el examen la primera vez pero no califiqué para la beca o admisión. Hice la prueba de nuevo y una vez más fallé. Sentí la presión en muchos aspectos porque solo tenía tres oportunidades para ser admitida. ¡La tercera vez que hice el examen, fui admitida en la escuela! Me alegré mucho, pero fue solo el comienzo de mi travesía para obtener esa beca. Tuve que estudiar mucho en la escuela y, a medida que avanzaba, era cada vez más difícil para que mi familia poder costearlo.

Un día mi papá me dijo que para completar mi formación tendrían que vender la casa en Cancún. Fue una decisión difícil, pero pensé que tal vez podría completar el programa antes de que la casa se vendiera. Ya llevaba cuatro años de lo que supuestamente me insumiría solo dieciocho meses, y estaba decidida a terminar lo más rápido posible. Una vez más, me presenté al examen para obtener una beca y esta vez, cual milagro, ¡gané la cantidad exacta de dinero que necesitaba para completar mi educación! Quizás no fui la mejor estudiante, pero era la que más lo necesitaba. Otros estudiantes tenían la posibilidad de obtener un préstamo pero al no ser considerada ciudadana panameña, ni tener residencia permanente con diez años viviendo en el país, no podía acceder a uno. Una beca era la única forma para poder costear mis estudios. Estaba tan emocionada y agradecida, pero los desafíos no habían terminado.

A mi padre le iba bien como piloto en Copa y la idea de trabajar en la misma empresa que mi padre por un lado me asustaba y por el otro me emocionaba también.

Primero que nada, sería una nueva piloto en una aerolínea muy establecida y respetada. ¿Y si no era lo suficientemente buena? Había escuchado que había mucha competencia en esa aerolínea y tendría que trabajar más duro y ser mejor. Si fallaba, todo el mundo lo sabría, incluida la gente que trabajaba con mi padre, lo cual sería terrible. ¿Valía la pena el riesgo?

Era el momento para un nuevo desafío. Me postulé y fui contratada en Copa Airlines, luego me capacité para recibir mi certificación en Boeing 737. Me impresionaron mis compañeros pilotos y no pude evitar compararme con ellos. Con demasiada frecuencia, estaba segura de que eran mejores que yo o avanzaban más rápido que yo. Puede que no haya sido el caso, pero desafortunadamente, era lo que a veces me decía a mí misma.

Al final, superé todos mis desafíos. Completé el programa y ocupé mi lugar como primera oficial del Boeing 737, donde he servido durante casi dos años.

SUFICIENTEMENTE CAPAZ

A través de la reflexión he aprendido que el viaje para ser piloto ha sido una experiencia de aprendizaje única, no solo en la aviación, sino en cómo convertirme en mi propia defensora. Cuando miro hacia atrás en mi vida, me doy cuenta de que muchas veces que pensé que no podía hacer algo, pero seguí adelante y al final tuve un éxito total. Hubo momentos en que me preocupé o pensé que la gente dudaba de mí cuando en realidad era yo quien tenía la duda desde el principio. Ahora sé que la determinación y la fe son las herramientas más importantes para llevarnos a un lugar donde tengamos confianza y seamos partidarias de nosotras mismas en cualquier situación.

Años más tarde, en una conversación con otros capitanes y pilotos, me enteré de que otros también se han sentido como yo en ocasiones, como si no fueran lo suficientemente buenos o como si todos estuvieran esperando a que fallaran. A decir verdad, Copa ha sido un lugar de trabajo alentador donde todos trabajan en equipo para ayudarse el uno a otro y tener éxito.

A veces entro en la cabina y tengo que trabajar con alguien que no conozco. Antes me preocupaba por lo que esa persona pensaba de mí, pero hoy sé que tengo que mantener una actitud positiva sobre estas interacciones. Es importante seguir los buenos consejos y no prestar atención a las malas vibras que puedan venir de la persona que está a tu lado, porque todos tenemos días malos en la vida y, a veces, es difícil ser positivo todo el tiempo. Sin embargo, debemos ser respetuosos. Si no tenemos cuidado, las palabras y acciones de personas negativas pueden hundirnos a un lugar de inseguridad al que no pertenecemos. He aprendido a aprovechar al máximo cada experiencia de vuelo, con cada capitán. Tienes que dejar todo lo demás a un lado. La mayoría de las veces establecerás una buena amistad con el capitán, y a veces no, pero no importa porque estas allí para volar.

De vez en cuando entro en la cabina y vuelo con otra mujer. Tengo suerte de que Copa tenga cientos de mujeres pilotos y me enorgullece ayudar a una comandante. Me da esperanza para mi futuro, que pronto pueda estar sentada en ese asiento, y me hace sentir parte de un equipo aún más grande de mujeres piloto de aerolíneas comerciales de todo el mundo. Mientras tanto, trato de disfrutar cuando alguien (generalmente un hombre) me confunde con un asistente del aeropuerto. Probablemente pasarán años hasta que dejen de sorprenderse porque a su avión lo pilotea una comandante.

En algunas ocasiones, los mejores y más maravillosos de los días, entro en la cabina y mi papá está sentado en el asiento del comandante. Suelen estar planeados, pero a veces se da esta sorpresa. Esos días lo llenan de orgullo a él, mientras me llenan a mí de alegría y gratitud por poder compartir algo tan especial con él. Nuestro primer vuelo juntos fue a Córdoba, Argentina, con nuestra familia a bordo. ¡Fue un logro memorable! Ahora, mientras permanecemos en la parte delantera del avión saludando a los pasajeros que suben o bajan del avión, nos han preguntado si somos parientes. Siempre resulta en una feliz oportunidad para tomar una foto cuando nos identificamos como padre e hija.

DESAFÍOS PRESENTES Y FUTUROS

¿Han terminado mis desafíos? Para nada. Cada vuelo trae desafíos nuevos y diferentes. El clima cambiante de Panamá siempre es un desafío, al igual que la planificación de los vuelos. Parte de ser una buena piloto consiste en nunca sentirse cómodo. Siempre me estoy desafiando a mí misma para ser una mejor piloto porque hay variables cambiantes en cada vuelo, desde los requisitos del espacio aéreo hasta las emergencias nacionales, los aeropuertos y el clima. Siempre doy la bienvenida a los aterrizajes fuera de lo común cuando paso a través de los remolinos de viento del Golfo de Cancún o las tempestuosas ráfagas del desierto de Las Vegas.

Poder haber llegado adonde estoy ha implicado una serie de desafíos, enfrentados de uno por vez. En el camino, algunas cosas dependieron de mí y otras no, pero lo más importante de todo fue permanecer fiel a las metas y nunca rendirme. ¡Ah! y recuerda también que a veces, cuando los desafíos parecen demasiado difíciles, puede que seas tú quien se está bloqueando a sí misma. Un cambio de actitud puede ser exactamente lo que necesitas.

Paula Gomez es primera oficial de Copa Airlines en Panamá. Se le puede contactar vía paulagmzpto@gmail.com, aviacionesconpaulita. com y en Instagram @aviacionconpaulita.

POSDATA COVID-19

Es un momento difícil para todos en la industria y al igual que muchos pilotos de aerolíneas no estoy volando en estos días. Mi último vuelo fue el 19 de marzo, de Panamá a Cancún y de regreso a Panamá, y mientras tanto, he decidido dejar la empresa. Copa me ha ayudado mucho y algún día espero volver, pero Dios sabe qué pasará. Mientras tanto me estoy preparando para mi próximo desafío, incluso mientras supero el COVID-19, que es el mayor desafío para todos nosotros.

Estoy usando el tiempo extra para conectarme con otros en línea y seguir formándome. Como siempre, estoy trabajando para mejorar mi inglés tomando un curso de inglés específicamente destinado a pilotos, así que es muy divertido. También estoy tomando una clase en línea de economía y finanzas y, por supuesto, me tomo un tiempo para cocinar y ver películas. También me estoy preparando para regresar a mi país natal, México, después de once años aquí en Panamá. Dejaré atrás una parte de mí y espero volver algún día, pero solo Dios sabe lo que me espera a mí y a mí novio, quien evita que me rinda y siempre está ahí para apoyarme. ¡Me alegro de tener un novio tan bueno!

De una cosa estoy segura: todo en el futuro será mejor de lo que es ahora.

LOS AEROPUERTOS DE CHICAGO MI DULCE HOGAR

CASTALIA SERNA

POSICIÓN ACTUAL

Comisionada Adjunta de Concesiones & Servicio al Cliente

AVIÓN FAVORITO

Boeing 747. Mi esposo es de Francia y siempre me llevó cómodamente al otro lado del Atlántico a verlo cuando éramos novios.

CITA FAVORITA

"Los desafíos brindan oportunidades"

DATOS CURIOSOS

De chica siempre me veían como al bicho raro.

No puedes haber crecido en Chicago y no conocer nuestros dos grandes aeropuertos. En primer lugar, está el pequeño pero atareado aeropuerto Midway, que se encuentra a ocho millas (12 Km) a las afueras de la ciudad. Era el centro principal de aerolíneas de Chicago hasta que se construyó el poderoso O'Hare International en 1955. O'Hare se encuentra entre los aeropuertos más concurridos del mundo y si alguna vez has estado allí, comprenderás por qué.

SUEÑOS DE PISTA

Cuando era más joven, soñaba con trabajar en el aeropuerto. No sabía cómo iba a suceder, pero mi amor por los idiomas extranjeros me hizo pensar en las miles de personas que pasaban por el aeropuerto en un día y en cómo nuestros mundos podrían cruzarse.

Mi familia es de México y crecí en el lado oeste de Chicago. En casa hablamos español. En la escuela estudié francés. También estudié italiano, griego e indonesio. Pero después de asistir a la Universidad de Illinois en Chicago, mi sueño se hizo realidad cuando acepté mi primer trabajo en la industria de las aerolíneas. Además, comencé a trabajar en el Departamento de Aviación de la Ciudad de Chicago como representante de servicio al cliente en el año 1990. Para el trabajo era obligatorio hablar dos idiomas además del inglés, así que estaba lista.

Después de un tiempo en servicio al cliente, tuve la oportunidad de dedicarme a las relaciones públicas en el aeropuerto. Sin embargo, dejé es puesto en 2006 para ayudar a la Ciudad de Chicago trabajando en diferentes agencias gubernamentales. Mi responsabilidad y conocimiento crecieron con cada cambio de puesto. Primero, trabajé en el Departamento de Planificación y Desarrollo y luego como Gerente de Relaciones Comunitarias para el Departamento Correccional del Condado de Cook. Continué trabajando como Directora de Relaciones Exteriores y como Directora con el Contralor del Estado de Illinois. En cada puesto aprendí cómo tratar con agencias gubernamentales, incluido el FBI, a medida que asumía funciones gubernamentales cada vez más complejas y desafiantes. En 2018 regresé al Departamento de Aviación de Chicago (CDA, por su sigla en inglés) para asumir mi puesto actual como Comisionada Adjunta de Concesiones y Servicio al Cliente para los aeropuertos de la CDA. Fue entonces cuando sentí que estaba en "casa" y que había completado el círculo de mi carrera.

También me sentí más lista y preparada para el desafiante puesto que estaba a punto de asumir. El hecho de haber dejado aeropuerto para tener otras experiencias dentro del gobierno hizo que estuviera totalmente lista para ocupar ese puesto. Todas las experiencias desafiantes anteriores me habían preparado bien para las experiencias nuevas que traería este nuevo trabajo. Les digo esto mismo a las latinas que asesoro. Todas nuestras experiencias pueden llevarnos a lugares nuevos y diferentes, así que atesora lo que puedas de tus primeros trabajos. ¡Es posible que algún día te ayuden a mejorar!

FUNCIÓN COMO ADJUNTA

Como Comisionada Adjunta, mi trabajo es ajetreado, emocionante y ciertamente nunca aburrido. Me siento bendecida por el trabajo. Superviso las concesiones y la experiencia del servicio al cliente de los pasajeros de Midway y O'Hare. Siento como si los aeropuertos fueran el nuevo centro comercial. Tenemos un público cautivo diverso y depende de nosotros ofrecer comodidades que hagan que ellos regresen la próxima vez que vuelen. Por ejemplo, hay empresarios de escalas de vuelos que necesitan servicios especiales y conveniencias. Las familias, especialmente con niños pequeños, necesitan diversiones, como un salón familiar divertido o relajante. Hay personas con restricciones dietéticas que requieren sitios de comida adecuados para su dieta. Siento que servimos a todos los viajeros anticipando sus necesidades. Mi función está directamente involucrada con conseguir los alimentos y bebidas de la mejor calidad para nuestros clientes, así como la planificación del uso óptimo de los espacios públicos en ambos aeropuertos.

Mi puesto también tiene mucho de relaciones públicas. Estoy a cargo de los eventos especiales que se desarrollan en el aeropuerto y también de emocionantes iniciativas de marketing. Cuando se filma algo en O'Hare, tengo un papel integral en la logística y coordinación de todo nuestro equipo para asegurar que todo funcione sin problemas.

Durante mis años de desempeño junto al alguacil, trabajé de cerca con las víctimas de la trata de personas. Hoy tengo una vez más la oportunidad de ayudar a generar conciencia sobre este problema mediante una campaña de concientización sobre la trata de personas que se realiza en ambos aeropuertos del CDA. Esto es en conjunto con la oficina de la alcaldesa Lori Lightfoot, el Departamento de Servicios Humanos de Illinois y, en particular, con la industria de las aerolíneas. Me siento honrada de poder ayudar a combatir este grave problema mundial. Creo que tenemos la responsabilidad de hacer algo por las víctimas que no tienen voz y brindar orientación para que puedan recibir la asistencia adecuada. También necesitamos tener conversaciones abiertas y consistentes con nuestros hijos y con otros en general sobre las señales de advertencia. Tengo la esperanza de que nuestra campaña contribuya a que la gente esté más informada sobre el tema y tal vez incluso sea más proactiva en ponerle fin a esta forma de explotación humana.

En todo lo que hago, nunca me atribuyo todo el mérito ni pretendo lograrlo sola. No estaría aquí sin mis padres, quienes siempre apoyaron mi deseo de seguir una carrera en la aviación. También estoy agradecida con mi maravillosa hija y mi esposo, que prepararon muchas cenas cuando yo no estaba en casa, ya que no tuvieron más remedio que tolerar mi horario errático de trabajo. También tengo un equipo extraordinario y tuve la suerte de tener grandes mentores, como Jamie Rhee, el Comisionado del Departamento de Aviación de Chicago, quienes me ayudaron a encontrar mi pasión. Cuando miro hacia atrás, también me alegro de haber "empezado desde abajo" en el servicio al cliente, porque fue allí donde desarrollé el deseo de convertirme en alguien más importante en la aviación haciendo algo que es único. Estoy agradecida por esas experiencias y trato de ser siempre un ejemplo positivo que seguir siendo amable y cortés con todos los que encuentro en los aeropuertos.

INSPIRACIÓN DE LA AVIACIÓN

Asisto a muchas reuniones en las que soy una de las pocas mujeres y, a menudo, la única mujer latina. Sin embargo, no importa, porque sé que tengo la misión de representar a mi comunidad de una manera positiva. Me enorgullece ser parte de una organización activa y me enorgullece aún más cuando hablo con otras jóvenes latinas sobre lo que hago. Es muy gratificante ver cómo les brillan los ojos cuando les digo a qué me dedico.

Cuando la gente piensa en los posibles trabajos en aviación, normalmente piensan en pilotos y aviones, pero el ecosistema del aeropuerto está compuesto por mucho más, y eso es lo que mantiene al país en movimiento. Los aeropuertos son una parte integral de eso y hay muchas oportunidades disponibles para personas creativas y diligentes que estén dispuestas a pensar de forma innovadora.

Mirando hacia el futuro de nuestros amados aeropuertos de Chicago, estoy emocionada de que Midway ahora tenga veinticinco concesiones. Esperamos impulsar eso pronto a setenta y dos comercios de alimentos y bebidas. También espero con ansias la finalización de la reciente expansión de O'Hare que importó una inversión de 8500 millones de dólares. La expansión incluye una nueva pista, que proporcionará una estructura más eficiente, así como la expansión de las salas de embarque. Incluso sin las mejoras, hemos logrado reducir los retrasos en los vuelos desde hace diez años, lo que nos enorgullece mucho.

A veces me sorprende pensar que los grandes aeropuertos que una vez vi de niña desde lejos ahora son como un "apéndice de mi familia" a los que ayudo a cuidar todos los días. Es un testamento de hasta dónde un sueño vívido, el trabajo duro, la experiencia y una gran determinación pueden llevarte.

Castalia Serna es Comisionada Adjunta de Concesiones y Servicio al Cliente en el Departamento de Aviación de Chicago. Se le puede contactar escribiendo a castalia.serna2@cityofchicago.org

POSDATA COVID-19

Uno de los momentos más difíciles que he experimentado en la industria aeroportuaria, además del 11 de septiembre, fue la situación del COVID-19. Universalmente nos tomó a todos por sorpresa, pero al mundo de los aeropuertos realmente lo dejó totalmente estupefacto.

Creo firmemente en que los desafíos nos brindan oportunidades. Mientras lidiamos con la situación actual, cerrando algunos de nuestros servicios y concesionarios, también estábamos elaborando estrategias en nuestra campaña de bienvenida para volver a presentarnos a nuestros pasajeros. Lo positivo es que nos da la oportunidad de ser creativos y trabajar en equipo más que nunca.

EL PODER DEL ESPÍRITU VIAJERO

YASMINE ABU ARAB

POSICIÓN ACTUAL

Instructora de vuelo en ATP

AVIÓN FAVORITO

Northrop Grumman B-2 Spirit

CITA FAVORITA

"La vida es algo más que ser un simple pasajero" — Amelia Earhart

DATOS CURIOSOS

Mi objetivo pendiente es tomar clases de vuelo acrobático.

A algunas personas les toma toda la vida averiguar qué quieren hacer. Supongo que tuve suerte porque siempre supe que quería volar, ¡incluso antes de saber lo que era volar! Desde que era niña tuve un gran pasión "por viajar". Me interesaban los lugares lejanos y quería visitarlos todos. Quizás la razón por la que estaba tan interesada en otras culturas del mundo era porque crecí con una mezcla interesante de dos de ellas dentro de mi propia casa.

INFLUENCIA INTERCULTURAL

Mis padres se conocieron siendo ambos inmigrantes cuando tomaban clases de inglés en un colegio comunitario en el país que recién habían adoptado, los Estados Unidos de Norteamérica. Mi madre era de México y se había mudado aquí para vivir con su hermana. Mi papá era de Israel y había sido trasladado al país por su trabajo. Sus culturas eran polos opuestos y mientras crecía en el área de Chicago aprendí sobre dos mundos muy diferentes. Me hizo sentir curiosidad por saber qué más había por descubrir.

Me encantaba viajar, pero no tuve la oportunidad de hacerlo con tanta frecuencia como me hubiera gustado. Acompañé a mi madre a México varias veces, pero nunca llegué a Israel con mi padre. Cada vez que viajaba, crecía mi deseo de seguir viajando. ¡Estaba fascinada con todos los diferentes países y culturas del mundo y quería experimentarlos todos! A medida que crecía, comencé a ver que el volar sería parte del plan.

El problema era que no conocía a nadie en el mundo de la aviación de mi familia o amigos. Sentí que todo dependía de mí y sabía que si realmente lo quería, tendría que trabajar muy duro. Estaba en la escuela preparatoria cuando decidí en secreto que de alguna manera, iba a aprender a volar. Luego, en la escuela secundaria, tuve la oportunidad de tomar un curso exploratorio sobre aviación que incluía lecciones de piloto privado en la escuela terrestre. Como culminación de todo lo que habíamos aprendido, hicimos un viaje de campo al aeropuerto de DuPage y subimos con un piloto para un vuelo de descubrimiento de 30 minutos. Eso fue todo para mí. Sabía cuál era mi plan después de la escuela: ¡iba a ser piloto!

Cuando les dije a mis padres, al principio no me creyeron. No se pusieron en contra; ellos simplemente no creían que yo le persistiría en esa idea. Mi mamá pensó que era una idea loca y emocionante y un gran sueño. Mi papá advirtió que sería difícil formar una familia o tener un estilo de vida más tradicional. Ambos pensaron que era un sueño alcanzable, pero que tendría que trabajar duro y cumplirlo para efectivamente lograr mis metas. Cuando les expresé lo comprometida y apasionada que estaba con la decisión, lo entendieron. Sentí que era mi deseo y ellos estaban empezando a verlo también.

OSU

Busqué una escuela importante que pudiera ofrecerme oportunidades dentro de la aviación y la encontré con el programa de estudios de aviación de la Universidad Estatal de Ohio (OSU, por sus siglas en inglés), que se encuentra dentro de su Facultad de Ingeniería. Debía tomar algunas clases de ingeniería, pero también recibí entrenamiento de vuelo. Los requisitos para aviación eran en realidad equivalentes a un área de estudio no especializada. Si no terminabas el entrenamiento de vuelo a tiempo, no perjudicaría tu título, pero mi plan era completar mi entrenamiento de vuelo y obtener mis certificados de piloto de OSU en cuatro años.

Aunque nunca sentí que ser latina o mujer pudieran detenerme, definitivamente era parte de la minoría. En OSU había solo un cuatro por ciento de latinos, y yo formaba parte de un pequeño porcentaje de mujeres en el programa de estudios de aviación. Tomé todos los cursos requeridos y luego comencé a trabajar en mi entrenamiento de vuelo. Desafortunadamente, mi progreso hacia mi licencia de piloto terminó demorándose más porque cada vez que regresaba a casa en los descansos, interrumpía mi entrenamiento. Cuando regresaba, a menudo, debía volver a aprender cosas. Era necesario, pero frustrante ya que retrasaba mi progreso.

Sin embargo, tuve la oportunidad de participar en una emocionante carrera de aviación representando al grupo Mujeres en la Aviación de OSU en el año 2018. Era tesorera del grupo Mujeres en la Aviación de OSU y había oído hablar de una carrera de aviación para mujeres que tenía ya 100 años de antigüedad conocida como Air Race Classic. Fue un evento histórico en el que incluso había participado Amelia Earhart. El año que competimos fue una carrera de cuatro días y 2656 millas (4270 km) desde Sweetwater, Texas, hasta Fryeburg, Maine. La carrera fue una especie de rally en la cual los equipos competían entre sí basándose en sus propias predicciones respecto de diferentes puntos, teniendo en cuenta el tiempo, el clima, el rendimiento y el consumo de combustible. Me preguntaba por qué el estado de Ohio nunca había registrado a un equipo antes, pero cuando miré las reglas, no vi nada que pudiera descalificar a nuestro equipo. Entonces, nos acercamos a la administración y todos estuvieron de acuerdo... ¡siempre y cuando reuniéramos el dinero necesario para costearlo!

Todos los miembros de Mujeres en la Aviación trabajaron por más de un año para recaudar miles de dólares para cubrir el costo de inscripción de cada persona, viaje, alojamiento, transporte aéreo y combustible. Comenzamos acercándonos a las aerolíneas regionales y muchas de ellas nos patrocinaron. También preguntamos a las empresas que tenían su sede en un aeropuerto o tenían vínculos con el departamento de aviación, como los proveedores de servicios de vuelo y combustible y las cafeterías del aeropuerto. Los ex alumnos de OSU fueron algunos de nuestros mayores patrocinadores. Tenemos una deuda de gratitud con aquellos exalumnos que tanto nos apoyaron, incluso aquellos que donaron la modesta suma de $25. También recibimos una donación del Fondo Prioritario de la Facultad de Ingeniería. Estábamos realmente emocionadas cuando finalmente recaudamos el dinero suficiente para competir.

Durante la carrera podíamos sentir la gran expectativa de nuestros seguidores. No queríamos defraudarlos. El clima estaba despejado y todos nuestros planes estaban hechos. Una vez en el aire, pensé que volar esta carrera se sentía diferente a cualquiera de mis otros vuelos. La carrera puso a prueba nuestras habilidades de pilotaje y toma de decisiones de aviación y me encantó la forma dinámica en la que podía volar para ganar tiempo en el aire. Cuando estás estudiando para tus calificaciones, te enseñan sobre diferentes terrenos y cómo se sienten las diferentes altitudes, pero en realidad experimentar todo eso me enseñó mucho más que estudiarlo en libros o viendo videos. ¡Fue un viaje de ritmo rápido y aventurero que nos mantuvo a mis compañeros de equipo y a mí alerta en todo momento!

Realmente disfruté volar nuestra ruta y satisfacer mi deseo de ver nuevos lugares. El Medio Oeste es pura llanura y sin cambios, básicamente no ves más que campos de maíz y, de repente, volábamos sobre montañas, colinas y lagos interiores del Sur y luego sobre la costa del Noreste. Pude poner en práctica algunas de las cosas que había estudiado en los libros y definir mi conocimiento de los conceptos con la experiencia real. Mientras participaba en la carrera podía sentir que me convertía en una mejor piloto.

Nuestro objetivo al finalizar era llegar entre las primeras 10. Cuando cruzamos la línea de la meta, pronto descubrimos que nuestro equipo, "Lady Buckeyes", terminó en el séptimo lugar entre 55 equipos, y en el segundo lugar entre los equipos universitarios. Estábamos tan orgullosas de nosotras mismas y felices de haberlo hecho bien por todos aquellos que habían creído en nosotros y nos habían apoyado.

También estoy orgullosa de que el equipo de la Air Race Classic de OSU sigue existiendo y que probablemente asista a otra carrera en el futuro. ¡Haber iniciado el equipo de carreras y promovido la aviación femenina en OSU fue un hito en mi carrera universitaria!

EN ATP

En el último año, tuve la opción de graduarme en cuatro años o quedarme más tiempo y terminar mi entrenamiento de vuelo. Decidí terminar mi carrera, graduarme y completar mi entrenamiento de vuelo en la Escuela de Vuelo ATP en el Oeste de Chicago.

ATP se dedica a proporcionar un entrenamiento de vuelo de seguimiento rápido para que las personas puedan ingresar a las aerolíneas lo antes posible. Los cursos fueron intensivos y de ritmo rápido, pero estaba lista. Yo estaba "súper comprometida" con la aviación, así que inmediatamente después de graduarme, obtuve el resto de las clasificaciones. Ya había obtenido un certificado de piloto privado en OSU, pero ahora recibí seis clasificaciones más que incluyen instrumento, comercial de aviones de un solo motor, comercial de aviones multimotor, instructora de vuelo certificada (CFI), instructora de vuelo-instrumental certificada (CFII) e instructora multimotor (MEI). Después de recibir mis clasificaciones pude aprender aún más sobre la aviación con mayor profundidad mientras la enseñaba.

Hoy soy instructora de vuelo en el aeropuerto de DuPage y estoy trabajando para obtener las 1500 horas de vuelo que necesito para avanzar hacia mi objetivo. Me encanta el ritmo rápido y la variedad de experiencias de vuelo que tengo. Algunos de mis estudiantes recién empiezan a hacer vuelos solitarios por primera vez y otros que buscan convertirse en instructores. Ha sido un desafío y he disfrutado aprender las mejores técnicas para trabajar con otros.

Como Chicago y sus suburbios son una mezcla de diversidad cultural, también he disfrutado conocer a diferentes tipos de personas de diferentes culturas. Mi español ha sido útil. He descubierto que no soy la única que hace sacrificios para perseguir una pasión por volar; mis alumnos también lo hacen. Disfruto compartir mi amor por volar con todos ellos y agradezco la oportunidad de aprender y convertirme en una mejor piloto en mi camino hacia mi objetivo final.

Mi pasión por las maravillas todavía no está satisfecha. He estado en algunas islas y tuve la gran experiencia de estudiar en el extranjero en Corea del Sur. Elegí Corea del Sur por su cultura que es completamente diferente y así poder aprender tanto dentro como fuera del aula. Ahora Dubái encabeza mi lista como uno de los lugares a los que más me gustaría ir.

Sé que he tenido suerte al contar con el apoyo de mis padres que ahora me creen y que me ayudaron a llegar donde estoy ahora. Les digo a mis dos hermanas menores, gracias a mi experiencia, que pueden ser lo que ellas quieran ser. También me gusta hablar con otras jóvenes sobre la industria porque me rompe el corazón pensar que ellas se limiten a sí mismas porque nunca han visto a una latina en la aviación o incluso a otra mujer haciendo lo que podrían aspirar a hacer. Es por eso por lo que formo parte de Women in Aviation y la Air Race Classic, y recomiendo mucho que todas las mujeres aspirantes a ser piloto consideren hacer lo mismo. Las mujeres que conozco allí son una gran inspiración para mí y espero algún día poder ser inspiración para otras personas.

Mis padres aún no han viajado conmigo y no veo la hora de poder estar en la cabina de un avión comercial con ellos sentados viajando en primera clase. Me encanta que nunca hayan pensado que volar era un sueño demasiado loco de realizar. ¡Y me encanta que tuvieran la razón!

Yasmine Abu Arab es instructora de vuelo y aspirante a piloto de línea aérea en ATP. Se le puede contactar en yasabu@yahoo.com.

POSDATA COVID-19

Recientemente, la pandemia mundial a la que nos hemos enfrentado debido al COVID-19 ha comenzado a detener la industria de la aviación. Al principio fue aterrador pensar que el sueño por el cual he estado trabajando tanto, que finalmente se sentía tan cerca, podría serme arrancado. Mi objetivo principal siempre ha sido ser piloto profesional de alguna aerolínea y eso seguirá siendo una prioridad para mí en los próximos meses y años. Sin embargo, la pandemia ha cambiado mi cronología y mis expectativas para el futuro. Me estoy acercando rápidamente a mis 1500 horas y esperaba tener un trabajo en una aerolínea cuando terminase, pues así de prometedora era la industria cuando comencé mi capacitación. Desafortunadamente, ese ya no es el caso y no estoy segura adónde me llevará mi destino.

Sé que seguiré enfocándome hacia las aerolíneas, pero lo

más probable es que mi camino no sea tan directo. Tal vez tome algunos desvíos y me aventure en otras áreas de la aviación. No tengo idea de cuánto más tardaré y esa incertidumbre es definitivamente estresante, pero he tratado de mantener una actitud positiva y mirar el lado práctico de las cosas. Me enamoré de la aviación porque es un campo increíble y tengo la esperanza de que pueda recuperarse. Planeo aprovechar esto como una oportunidad para explorar diferentes tipos de vuelo y, con suerte, renovar esa pasión por volar de otra manera.

CONTRA EL VIENTO

MELISSA MONTIEL JIMENEZ

POSICIÓN ACTUAL
Primera Oficial

AVIÓN FAVORITO
Boeing 777 ¡Diseño clásico!

CITA FAVORITA
"Cuando todo parezca ir en tu contra, recuerda que el avión despega contra el viento y no con él"

DATOS CURIOSOS
Soy una piloto que les teme a las alturas y piensa que el paracaidismo es completamente ilógico. ¡Vuela el avión, no saltes de él!

Nací y crecí en la ciudad fronteriza de Tijuana, México, en una familia con una historia de mujeres fuertes. Mi madre eligió convertirse en una de las primeras doctoras de su ciudad y luchó en un campo dominado por hombres en su momento. No solo trabajó en la sala de emergencias, sino que ahora está dedicada a los negocios como empresaria. A mi abuela le fascinaba todo lo relacionado con la aviación. Ella es dueña de una estación de radio local y solía presentar un programa de entrevistas en el que tocaba temas como un día en la vida de un piloto. Además, entrevistaba a gente de la industria y sus historias me fascinaban. Comenzamos a compartir la misma pasión e involucramos a toda la familia en hacer viajes a San Diego para ver a los Blue Angels y otros aviadores actuar en las exhibiciones aéreas de la Base de la Fuerza Aérea de Miramar. Recuerdo haberlos visto hacer maniobras asombrosas y me inspiraron a pensar: "Yo me veo en el mundo de la aviación".

MI CAMINO COMO PILOTO MEXICANA

Recuerdo estar en la Universidad Estatal de San Diego estudiando marketing cuando comencé a sentir un impulso hacia una carrera en la aviación. Siempre me habían fascinado los aviones y me encantaba ir a los grandes aeropuertos. Siempre veía los aviones y me preguntaba hacia dónde se dirigían y quién los llevaba allí. Sin embargo, la verdad es que sabía que me gustaban los aviones, pero no sabía nada sobre volar. Entonces, reservé una clase de introducción donde me enseñaron lo básico.

Nunca olvidaré ese día. Como dijo Leonardo da Vinci:

"Una vez que hayas probado el vuelo, siempre caminarás por la tierra con los ojos vueltos hacia el cielo porque ahí has estado y ahí siempre anhelarás volver". Ese día sentí la adrenalina de haber operado un avión. En el momento en el que estaba escuchando al controlador del tráfico aéreo y estábamos preparando el avión para el aterrizaje, estaba convencida de que quería una carrera en la aviación. Se formó un plan en mi mente y pronto estaba emocionada por comenzar el entrenamiento de vuelo. Sin embargo, desafortunadamente, tuve problemas encontrando apoyo para mi plan.

Algunas personas me preguntaban si solo lo hacía para encontrar un marido. Otros, como mi familia, me dijeron que no era una carrera real. Lo consideraban un pasatiempo y, además, uno realmente costoso, así que ¿por qué iba a pasar por tanto problema? Me preguntaron si me estaba revelando contra algo. Entendí que estos comentarios provenían de un lugar de miedo.

Empecé a entrevistar y hablar con todos los que pude sobre seguir una carrera en la aviación y lo que se necesitaba para hacerlo realidad. También investigué la cantidad de mujeres piloto que había, que ascendía solo a un cinco por ciento. ¡Pero eso fue suficiente para que yo supiera que se podía hacer!

Decidí comenzar el entrenamiento de vuelo en San Diego en una escuela de aviación que me habían recomendado varias personas, trabajé duro y perseguí mis clasificaciones. Aunque mi familia estaba preocupada al principio, una vez que vieron lo comprometida que estaba, me brindaron todo su apoyo. Años después, terminé toda la formación, y convertí mi licencia a internacional (ICAO - International Civil Aviation Organization) en la ciudad de México y ahí fue cuando comenzó mi carrera profesional.

Mi primer puesto implicaba volar un Airbus 320 para una aerolínea de México. Trabajé allí desde 2014 a 2017. En mi primer año, un colega me dijo que al ser mujer tendría que demostrar mi valor y trabajar el doble de duro que un hombre. Estaba confundida por ese pensamiento, pero entendí de dónde venía. A lo largo de mi carrera pude observar que todos trabajamos igual y querían que me tomara el puesto con seriedad, haciéndome saber que no tendría ningún privilegio especial. Yo ya tenía el concepto de trabajar tan duro como un hombre. Después de todo, todos los pilotos tomaban la misma prueba no importaba que fueran hombres o mujeres. Tengo que confesar que a veces me sentía decepcionada de que el mundo no lo viera de esa manera. Pensé que la parte más difícil sería ingresar a las aerolíneas, pero no me imaginaba que el primer año de mi trabajo como piloto de aerolínea sería el más difícil de todos.

Una vez hubo un pasajero que se negó a volar en mi avión porque no se sentía seguro con una mujer en los controles. Pero la aviación tiene que ver con el trabajo en equipo. No podemos intentar resolver todo como de forma individual, sino como equipo. Se nos enseña a saber cómo comunicar un problema y como equipo trabajamos para encontrar la solución; las actitudes negativas pueden ser perjudiciales para el proceso.

Todo se trata de actitud. Si estás teniendo un mal día, debes aprender cuál fue el problema, dejarlo ir, aprender de tus errores y prepararte mejor para la próxima vez. Eso es lo más valioso que he aprendido este año y lo guardaré para el resto de mi carrera.

AVIACIÓN ESTADOUNIDENSE

Me sentí agradecida cuando obtuve un puesto en una aerolínea en los Estados Unidos de Norteamérica. ¡No podía creerlo cuando conocí a los recién contratados y había otras cinco mujeres allí! Nunca había visto nada similar. Me di cuenta de que en los Estados Unidos había más diversidad y, por lo tanto, también más aceptación de las mujeres piloto. Disfruté el tener otras mujeres que podían empatizar conmigo. Intercambiamos historias similares y descubrí que no estaba sola respecto de algunas de mis experiencias.

Lo maravilloso de la aviación es que, sin importar la raza o el sexo, el avión debe ser piloteado siguiendo las mismas reglas. También estoy orgullosa de siempre progresar como persona. Acepto los comentarios de cualquier persona para convertirme en una mejor piloto mientras continúo mi viaje hacia convertirme en comandante. No puedo esperar a ver qué oportunidades de crecimiento se me presentarán. Quiero mantener muy alto el estándar de ser una piloto latina, ya que a las latinas se nos conoce como personas trabajadoras, y eso también aplica a las pilotos. Tenemos una cultura asombrosa de trabajo en equipo y somos muy compasivas con los demás.

La mejor parte de ser latina en la aviación es que eso significa que estoy abriendo las puertas a muchos otros latinos en este campo. Demuestro que lo que antes parecía imposible, es muy posible. Mientras cumplo con mis deberes como piloto, nunca sé a quién estaré inspirando. A menudo, los pilotos me han dicho que no soy solo la primera mujer con la que vuelan, sino también la primera mexicana. Quiero representar bien a las mujeres y a las latinas, por eso hago mi trabajo de forma impecable con un alto nivel de profesionalismo, pero también con la calidez y la amabilidad con la que se nos caracteriza.

La aviación no ha sido solo una carrera para mí, sino un estilo de vida. No ha sido fácil llegar adonde estoy y todavía me queda un largo camino por recorrer. Sin embargo, me ha enseñado a trabajar duro para lograr mis objetivos. La aviación ha cambiado mi vida para bien. Desde que comencé mi carrera, he tenido que esforzarme al cien por ciento, rodearme de personas dentro de la aviación y ejercer la disciplina necesaria para triunfar en el campo.

QUÉ ESPERAR

A aquellas latinas que aspiran a ser pilotos les daría el siguiente consejo: querer pilotear aviones no es suficiente. Necesitas perseverar y creer en ti mismo.

Para mí el viaje fue largo y como la mayoría no creyó en mí desde el inicio, tuve que tener la fuerza suficiente para creer en mí misma. Habrá muchos días emocionantes y también muchos obstáculos, pero no fallarás hasta que dejes de intentarlo.

Utilizarás esta perseverancia a lo largo de tu carrera en la aviación. Las cosas no siempre salen según lo planeado. Los pilotos debemos poder cambiar de plan rápidamente y avanzar para concentrarnos en cómo resolver algún problema.

Ser piloto de una aerolínea es una carrera muy emocionante, llena de diversión y aventuras. Las impresionantes vistas que tendrás desde la cabina, los viajes, estar a cargo de la aeronave, despegar y aterrizar el avión todavía me da una sensación de alegría y adrenalina. Visitarás muchas ciudades y conocerás gente increíble.

También te aconsejo que seas siempre amable con todos; nunca se sabe cómo cambiará la vida, así que es bueno estar en buenos términos con la mayor cantidad de gente posible. Ten buena actitud y siempre sigue estudiando. En todos los campos siempre habrá personas positivas y negativas, pero tú tienes el control sobre cómo reaccionarás y hacia dónde quieres ir en la vida.

Sí, la aviación es una carrera maravillosa, pero recuerda dar prioridad a tus necesidades. Reconoce cuando necesites tomar un descanso y relajarte, has tiempo para ti, pasa tiempo con la familia o con un grupo de amigos buenos y de calidad. Mantén a tus seres queridos cerca. Su apoyo hará que tu viaje sea más ligero.

Melissa Montiel Jimenez es Primera Oficial. Se le puede contactar en Instagram @flyme10.

POSDATA COVID-19

Como pilotos, nos vemos directamente afectados por las recesiones económicas y otras crisis globales. En todo el mundo, la aviación se ha detenido y veremos que algunas aerolíneas se declaran en quiebra. Para los que aspiran a ser pilotos creo que es una buena idea que tengan un plan de respaldo económico en caso de que las cosas no vayan bien, al igual que los pilotos nos preparamos regularmente para escenarios que podrían presentarse, pero que son poco probables en vuelo.

Sé que la aviación no desaparecerá, pero tomará tiempo para que vuelva a ser como era. Aun así, estoy orgullosa de ser parte de una industria esencial y ayudar a la gente a seguir volando.

LINDA PFEIFFER PAUWELS

POSICIÓN ACTUAL

Comandante de un Boeing 787 y piloto de verificación de
American Airlines

AVIÓN FAVORITO

Boeing 787

La forma en que se siente cuando vuela es increíble.

CITA FAVORITA

"Dolium volvitur: un barril vacío rueda fácilmente"

DATOS CURIOSOS

Además de inglés, hablo francés y español con fluidez, y estudié
sánscrito.

Mi abuelo paterno murió justo antes de que yo naciera, pero sé que su espíritu vive conmigo.

Su nombre era Franciszek Edward Pfeiffer. Al principio, todo lo que supe era que él fue oficial del ejército polaco durante el Levantamiento de Varsovia. Desafortunadamente, nunca llegué a conocerlo ya que murió antes de que yo naciera. Tampoco tuve el privilegio de escuchar muchas historias sobre él porque mi padre murió de un aparente ataque cardíaco a los 39 años, cuando yo tenía seis años. Más tarde, mi hermano Walter, quien también es piloto, aprendió más sobre el extenso historial militar de nuestro abuelo después de algunas visitas al Instituto Polaco en Londres. El Brigadier General Pfeiffer estuvo al mando de la unidad de combate más larga durante el Levantamiento y recibió el Virtuti Militari, la más alta condecoración de Polonia por su valor. También fue un académico y trabajó mucho con los jóvenes, porque se preocupaba por las próximas generaciones. Sonreí cuando escuché todo esto al reconocer nuestras similitudes. Desde ese momento he sentido su sangre de guerrero en mis venas y he tratado de honrar su memoria en mi camino en la vida.

Después de la muerte de mi padre, mi madre tuvo que salir adelante, viviendo en Argentina y con dos niños pequeños. Nuestra familia emigró a Estados Unidos, pero a mi hermano y a mí nos enviaron a vivir con nuestros parientes en Argentina cuando mamá estaba trabajando y no podía cuidar de nosotros. Las separaciones fueron difíciles y nuestra infancia nos dejó cicatrices permanentes. Luego, durante mi visita de verano a Miami cuando tenía 16 años, todo cambió.

EL DESPEGUE

Mi madre había sido maestra en Argentina pero no tenía las credenciales necesarias para trabajar en los Estados Unidos, por lo que trabajó como agente de tráfico y operaciones para la Aerolínea TACA en el Aeropuerto Internacional de Miami (MIA, por sus siglas en inglés). Mi primer contacto con la aviación fue cuando la acompañaba al trabajo. Tenía planeado regresar a Argentina para hacer el examen de ingreso a la Facultad de Medicina. En cambio, decidí conseguir un trabajo de verano en Wardair Canada (que luego se convirtió en Canadian Airlines). Hablaba francés con fluidez, lo que me dio una ventaja. Una de mis tareas en Wardair durante esos días previos al Internet era recuperar los planes de vuelo de la máquina de teletipo y llevarlos a los pilotos. Recuerdo mi sentimiento de intriga y admiración por los pilotos uniformados y mi atracción por la cabina. Empecé a pensar que quería convertirme en piloto.

Pero cuando mencioné mi interés a las personas que me rodeaban, me desanimaron de inmediato. Me decían cosas como: "¡Estás loca!", "No tienes dinero", o mi favorita, "¡Pero eres una mujer!". Este tipo de conversación conmovió mi sangre guerrera. Mi madre no me animaba ni me desanimaba. Entonces, me di a la tarea de averiguar más.

Había dos aeropuertos de entrenamiento de vuelo cerca de nosotros y visité la escuela de vuelo en ambos. Descubrí que no tenía los medios para inscribirme en una escuela de vuelo, pero no iba a dejar que una pequeña cosa como el dinero me detuviera. Me pareció más económico alquilar un avión y contratar a un instructor de vuelo para obtener mi licencia de piloto privado. Trabajé y ahorré para mis clases privadas hasta que obtuve mi clasificación de piloto comercial.

Conocí a mi futuro esposo el día que recibí mi licencia de piloto privado. Recuerdo haber estado esperando al examinador de vuelo de la FAA en el pequeño vestíbulo de Tursair, una escuela de vuelo en el aeropuerto Opa Locka. Tenía 17 años, vestía una camiseta que rezaba *"Nice, Côte d'Azur"*. Sentado cerca mío se hallaba un instructor de vuelo alto y guapo que me estaba mirando y luego se acercó para hablar. Se presentó como Frederick y me preguntó si era francesa. Me dijo que él era belga, pero que su madre vivía cerca de Niza. Charlamos unos minutos hasta que llegó el examinador. Después de mi examen, Fred fue el primero en felicitarme e intercambiamos números de teléfono.

Nuestra amistad fue un incentivo para que yo encontrara un trabajo ubicado al lado, en el Hangar Uno, como operadora de base fija. Comenzamos nuestro noviazgo cuando yo tenía 18 años y él 29. Cuando anunciamos nuestra intención de casarnos al año siguiente, muchas personas se burlaron y predijeron que el matrimonio duraría seis meses. ¡Han pasado treinta y nueve años y seguimos contando!

A lo largo de mi carrera, no me he enfrentado a mucha discriminación por ser mujer, pero mi mayor desafío llegó al principio. Mi amigo Charlie y yo fuimos contratados en una aerolínea cercana llamada Air New Orleans. Nos capacitaron y luego nos despidieron temporalmente cuando fracasó el financiamiento de nuevas aerolíneas. Charlie y otro piloto de la clase encontraron trabajo en una aerolínea llamada Southern Air Transport. Sin embargo, la operación no tenía mujeres piloto y descubrí que no tenían planes de contratar a ninguna. Una vez más, mi espíritu guerrero comenzó a agitarse. Estaba lista para la pelea.

La oficina de Southern Air era solo un pequeño tráiler en la esquina noroeste de MIA. Cuando no recibí respuesta después de enviar mi currículum, llamé y pude comunicarme con la secretaria del Director de Operaciones. Ella resultó ser latina.

—Sé que estás contratando pilotos porque contrataste a mi amigo Charlie. Tengo las mismas certificaciones que él y me gustaría conseguir una entrevista.

—No están contratando mujeres —respondió con sinceridad.

—Bueno, diles que si no me ven, voy a bajar a tu oficina y sentarme en tu puerta hasta que tenga una entrevista.

Lo decía en serio, pero un par de días después de esa conversación, me llamaron para una entrevista. Hasta el día de hoy, recuerdo la sensación de euforia cuando me contrataron como primera oficial de su versión civil del Lockheed C-130.

A la gente le preocupaba que yo fuera la única mujer piloto en la aerolínea, pero me presenté sin miedo al primer día de clase con un vestido de flores azul con un delicado cuello de encaje. Todos los ojos estaban puestos en mí cuando me senté con una vibra femenina de "no te metas conmigo" que otros reconocieron. Quizás eso explique por qué los hombres con los que trabajo diariamente llegan a respetarme y apreciarme genuinamente. Me tratan como padres y hermanos y yo los amo por lo que aprendo de ellos. Fui la primera mujer contratada en la empresa, pero fue solo la primera de mis "primeras" en la aviación.

Los pilotos de Southern Air volaban por todo el mundo y estaban fuera de casa durante largos períodos. Volar era un desafío y me encantan los desafíos, pero no era favorable para la vida familiar o para criar hijos. Mis colegas me sugirieron que me postulara en las aerolíneas comerciales y, en 1988, después de un proceso de entrevista de cuatro fases que duró más de un año, fui contratada por American Airlines. Fue difícil dejar Southern Air, que me había dado la oportunidad de ser la mujer más joven del mundo en convertirme en comandante de un jet, a los 25 años, en un Boeing 707 de Southern Air Transport.

Un año después de que me contrataran en American, me nombraron supervisora técnica de vuelo e ingeniera de vuelo para control de vuelo en MIA. Supervisé a los ingenieros de vuelo en pruebas asignadas en esa nueva base que abrió después de la compra de las rutas de Eastern Airlines. Volé el B727 como ingeniera de vuelo y primera oficial, el A300, el B767 y el B777 como primera oficial, y luego me convertí en la primera latina en American en ascender a comandante, en un MD-80. También me involucré con la Asociación de Pilotos Aliados (APA) y he trabajado en varios comités nacionales a lo largo de los años, incluido el comité de comunicaciones. A principios del 2001 me convertí en portavoz oficial de la APA, justo antes del horrible ataque del 11 de septiembre.

MEDIOS DE COMUNICACIÓN Y MENSAJES

El 11 de septiembre estaba viviendo en California, preparando a mis dos hijos Patrick y Nathalie para la escuela cuando sonó el teléfono. Era un reportero de CNN en español.

—Linda, ¿has visto lo que ha pasado? —preguntó.

Encendí la televisión y no podía creer lo que veían mis ojos, ya que mostraban las ahora imágenes emblemáticas de aviones volando hacia las torres del World Trade Center.

—¿Tienes algún comentario? —la escuché decir, mientras trataba de comprender todo lo que veía y escuchaba.

—Todavía no —le dije con sinceridad, colgando el teléfono.

Había recibido capacitación en medios de comunicación para mi papel como portavoz, pero nadie anticipó un escenario como este. Durante las siguientes semanas hice múltiples apariciones como portavoz de la APA en representación de los pilotos de American Airlines. Me aferré a las declaraciones de las asociaciones, sin incluir mis propias opiniones, lo que por momentos fue todo un desafío.

Las entrevistas giraron en torno a la seguridad: preguntas sobre advertencias y luego cuestiones como tener a los pilotos armados. Al final, aprendí a operar bajo la presión del escrutinio de los medios de comunicación y la importancia de las palabras, especialmente durante las entrevistas en vivo cuando no puedes cambiar lo dicho. En un momento dado, hubo un desacuerdo sobre si podía hablar desde la perspectiva laboral mientras vestía el uniforme de la aerolínea. En cada discusión, debido a que la administración laboral quiere que la aerolínea tenga éxito, se busca y se logra llegar a un acuerdo en común.

Después de eso llegaron premios y honores. Fui elegida como una de las 100 latinas más influyentes tanto en la *Hispanic Business Magazine*, como la *Hispanic Magazine*, y recibí un Tributo a la Excelencia en el Campo de la Transportación otorgado por el Congreso. Entonces, mi vida dio otro giro dramático.

En el año 2004 comencé con problemas de salud que finalmente me llevaron a la pérdida de la certificación médica y a un período de tiempo con licencia médica. Debido a que realmente pensé que nunca volvería a volar, consideré mis opciones. Un bufete de abogados de aviación incluso se ofreció a enviarme a la facultad de derecho, pero yo no quería ejercer la abogacía. En cambio, completé una maestría en educación y comencé un programa de doctorado en educación para la salud. El título de mi tesis doctoral fue "Estrés laboral en pilotos de aerolíneas" y analizaba nuestra resiliencia como seres humanos. Mi trabajo incluía investigación sobre prácticas meditativas y otras formas holísticas de manejar el estrés. Luego, mi hijo Patrick sufrió una lesión cerebral en 2010 y me retiré del programa para concentrarme en su salud.

Para ese momento también tenía una columna en el Registro del Condado de Orange llamada "Desde la cabina". Le presenté la idea al editor después de responder muchas preguntas de amigos y familiares. Fue una buena experiencia que me daba visibilidad dos veces al mes, y me mantuvo conectada con la aviación.

SIEMPRE APRENDIENDO

Cuando Patrick mejoró, recuperé mi certificación médica

para volar y regresé a American Airlines, donde mi título de posgrado me permitió buscar oportunidades en el departamento de entrenamiento de vuelo. He sido piloto de control en el A320 y actualmente estoy en el B787. Vuelo rutas a Asia, Europa y Sudamérica e instruyo y evalúo a pilotos en simuladores en nuestra Academia de vuelo en Dallas Fort Worth (DFW). Estoy nuevamente involucrada con el sindicato, sirviendo en el comité de capacitación y, a veces, publico poesía en una cadena electrónica llamada "Morning Haiku" en nuestro foro interno. Permite que incluso los pilotos más competitivos se pongan en contacto con su lado sensible.

Mi valentía y sangre guerrera me han ayudado a superar los tiempos difíciles de mi carrera en la aviación, y espero que los jóvenes de hoy también encuentren el sentido de determinación y perseverancia al enfrentar las distracciones y desafíos de la sociedad moderna. También es importante que evalúen la importancia de sus decisiones, porque es nuestra juventud la que marcará nuestro camino hacia el futuro.

Me gustaría pensar que si mi abuelo estuviera vivo, estaría orgulloso de su nieta. Aunque no puedo agradecerle en persona, ciertamente puedo honrarlo si continúo llevando su espíritu guerrero en todo lo que hago.

Linda Pfeiffer Pauwels es comandante de un Boeing 787 y piloto de verificación de American Airlines. Se le puede contactar escribiendo a pfeiffer.pauwels@gmail.com.

POSDATA COVID-19

Es un momento difícil para las aerolíneas, pero más allá del efecto que el COVID-19 ha tenido en la industria, me maravilla el cómo nos ha obligado a la adaptabilidad, la resiliencia y la resolución.

Dentro de mi propia familia, hemos tenido que reevaluar nuestras prioridades. Después de recuperarse, mi hijo Patrick fue a la universidad, jugó baloncesto para la Universidad de Maine en Fort Ken y se graduó con un título en Ciencias del Comportamiento en mayo. Aunque los inviernos son duros en el norte de Maine, decidió quedarse allí donde encontró un puesto de prácticas con buenas perspectivas laborales. Esto no hubiera sucedido sin COVID-19

Mi hija Nathalie, que se graduó de la Academia Naval de los Estados Unidos, está cerca de obtener su licencia de piloto comercial en la academia de cadetes de American Airlines. Sin embargo, con la industria en crisis por el COVID-19, es posible que tenga que hacer uso de sus otras habilidades para encontrar un empleo seguro o, alternativamente, asistir a la universidad.

A pesar de que nos mudamos a DFW, y mi esposo Fred podría estar disfrutando de la jubilación, decidió quedarse como instructor contratado para Boeing en Miami durante estos tiempos tan inciertos.

En cuanto a mí, sigo manteniendo abiertos mis horizontes y busco oportunidades para utilizar mis habilidades únicas que he tenido la suerte de adquirir. ¡Este es el secreto para mantenerse joven de corazón!

SANDRA GRANADOS

POSICIÓN ACTUAL

Técnica principal de vuelo de BBJ, en el Gary Jet Center

AVIÓN FAVORITO

Boeing 747. Es y será siempre "la reina de los cielos" y siempre me sacará un "¡guau!"

CITA FAVORITA

"Nunca niegues tu regalo. Abrázalo, nútrelo, fortalécelo y compártelo"

DATOS CURIOSOS

Recientemente visité mi septuagésimo tercer país

Antes del impacto de la pandemia de COVID-19 en los viajes aéreos, muchos días del mes me encontrabas viajando cómodamente en un hermoso avión corporativo Boeing 737 conocido como BBJ (Boeing Business Jet) o en un Bombardier Challenger 650, volando hacia destinos asombrosos alrededor del mundo como la histórica Europa, el exótico Medio Oriente y las pintorescas China y Japón. Imagina un avión que parece una oficina voladora, con todo el lujo que esperarías de un jet corporativo, como asientos reclinables de cuero lujoso y hermosos adornos de madera reluciente, varios dormitorios, baños con duchas, una sala de conferencias/comedor y una cocina completa. A veces, visitábamos varios países al día. A bordo, el equipo tenía acceso a Internet sin interrupciones y de alta velocidad y todo estaba siempre en óptimas condiciones. ¡Sé que eso es cierto porque soy yo quien lo mantenía así!

Nunca esperé que mi formación como mecánica de fuselaje y de la central eléctrica de motores me llevara a una vida de trotamundos en un Boeing, pero al ser técnica principal de vuelo de la compañía a través del Gary Jet Center de Indiana, en eso consiste parte de mi trabajo. ¡Y es sorprendente pensar que durante años la carrera tan adecuada para mí ni siquiera estaba en mi radar!

VUELO Y FANTASÍA

Crecí en el barrio de Bucktown en Chicago, y supongo que se podría decir que era una chica poco femenina. En mi familia somos cuatro hijos, pero pasé la mayor parte del tiempo con mi hermano, que era solo un año mayor que yo. Disfrutamos de las mismas cosas, pero una cosa que nos encantaba eran las carreras de autos con control remoto. Cada vez que chocábamos, me deleitaba con la oportunidad de desarmar el auto y llegar al fondo para ver cómo funcionaba. Arreglar las cosas era algo natural para mí.

Mi papá era un típico hombre macho de México, con una actitud machista profundamente arraigada, que creía que su esposa debía estar en la cocina. Pero estaba orgulloso de mi capacidad para arreglar las cosas y me incluía en sus proyectos para sus labores inmobiliarias. Mientras que la mayoría de los niños pasaba los sábados por la mañana viendo dibujos animados, yo me levantaba muy temprano para ayudar a mi papá a levantar alfombras, pintar paredes, cambiar lavabos e instalar pisos. Fue un maestro paciente. "Si tu hermano y yo podemos hacer esto, tú también puedes y me lo agradecerás cuando seas mayor", me decía.

Aprendí sobre la aviación durante nuestros viajes familiares volando a Guadalajara, México, todos los años para visitar a mis abuelos. A mi mamá le encanta viajar y dice que ahora vive indirectamente a través de mí, ya que no ha visitado muchos lugares. Sin embargo, nos llevó en viajes por carretera para experimentar la historia y las diferentes culturas, y encendió mi curiosidad por explorar algún día el resto del mundo. Cuando este interés emergente y mi afecto por los viajes aéreos comenzaron a fusionarse, comencé a pensar en convertirme en piloto.

Sin embargo, cuando mi pequeña preparatoria católica

privada tuvo su feria universitaria, nunca asistieron representantes de la aviación. Cuando me acerqué a mi consejera vocacional y le pedí más información, ella me miró en estado de shock y me dijo que nadie le había preguntado antes y que tendríamos que hacer la investigación juntas.

Después de considerar programas de vuelo de escuelas públicas más grandes, nos decidimos por la Universidad Lewis en la cercana Romeoville, Illinois, porque me sentía cómoda con el proceso de inscripción y el tamaño de las clases. Empecé el programa escolar de vuelo, pero mi progreso fue lento y constantemente retrasado por el clima, el instructor de vuelo o mi horario. Entonces, continué mi entrenamiento en General Aviators, una escuela de vuelo en el Aeropuerto Midway, durante un verano completo hasta que obtuve mi licencia de piloto privado.

Obtener mi licencia comercial fue el siguiente paso, pero pagar la escuela de vuelo y la matrícula universitaria simultáneamente era abrumador. La opción militar no era la adecuada para mí en ese momento. Sin embargo, no podía rendirme, ya que supe entonces que la pasión por la aviación ya había quedado impresa en mi corazón.

Entonces, un día, estaba en uno de los edificios de aviación cuando una profesora de Lewis me detuvo en el pasillo para hablar. Era mecánica de fuselaje y central eléctrica de motor (A&P) retirada de United Airlines.

—Te he visto por ahí —dijo, sin duda notándome como una de las pocas mujeres en el edificio—. ¿En qué programa estás?

Le conté de mi deseo de volar, la dificultad del trayecto y mis desafíos financieros.

—¿Alguna vez has pensado en una carrera en mantenimiento de aviación? — me preguntó.

Me sentí como un ciervo en los faros, congelada de asombro. ¡Por supuesto! ¿Por qué no lo había pensado antes? ¡Era la combinación perfecta de mis habilidades con la aviación!

Terminé mi segundo año luego de transferida al programa de mantenimiento de aviación. Después, en mi tercer año, asistí a una feria universitaria llena de representantes de la aviación, incluso uno de American Trans Air (ATA) Airlines. Les pregunté cómo podría postularme en el futuro y para mi sorpresa, me dijeron que me acercara y que me entrevistarían ahí mismo, aunque aún estaba en la escuela. El representante de recursos humanos me dijo que buscarían asignarme un horario que me permitiera terminar mi último año de universidad. Para ellos, eso significaba ponerme en el turno de noche desde las diez de la noche hasta las seis y media de la mañana. Acepté el trabajo.

Durante el siguiente año, me apresuraba a casa, me duchaba, hacía algo de tarea y dormía entre 4 y 5 horas hasta la hora de ir a trabajar y después volver a hacerlo al día siguiente. Mirando hacia atrás, fue un horario loco, ¡pero me preparó para el horario poco convencional de *jet lag* y las pocas horas de sueño que enfrentaría en mi futuro puesto en Boeing!

La primera vez que entré en la bahía del hangar para presentarme a trabajar en ATA, aún no había recibido mi uniforme, así que estaba vestida con ropa de calle. Los hombres grandes y fornidos todos voltearon a verme.

—¿Viniste hoy a trabajar con tu papá? —me preguntó uno de ellos con toda seriedad.

Todos nos reímos cuando les dije quién era yo. Su sorpresa y respuesta eran de esperarse, ya que más tarde descubrí que era la única mujer mecánica en nuestra estación de Midway, así como la primera mujer mecánica latina en ser contratada por ATA. Tenía 19 años en ese entonces y sabía que tendría que demostrar quién era. Pronto se enteraron de que yo era una mujer que no tenía miedo de ensuciarse las manos.

Estaba dispuesta a hacer cualquier cosa que los hombres hicieran. Eso incluía montar el elevador cuarenta pies (12 m) en el aire para reemplazar componentes en la parte superior de la aleta vertical o trabajar en condiciones climáticas extremas durante los horribles inviernos de Chicago. Recuerdo tener que cambiar la válvula de un motor durante un vórtice polar. La sensación térmica era de -25 °F (-31 °C) y mi compañero de trabajo y yo tuvimos que alternar trabajando en él minutos a la vez sin los guantes puestos para evitar congelarnos. Aprendí rápidamente que tenía que adaptarme y superar los muchos desafíos que enfrentaría durante mi empleo con ATA.

Mi horario loco hizo que fuera un año duro y difícil, pero como mecánica de nivel básico, la emoción de ver los aviones en el hangar nunca pasaba de moda. A pesar de la presión mental y la falta de vida social, me alegré de haber aceptado su oferta cuando lo hice. Me contrataron en mayo del año 2000 y al año siguiente ocurrió lo del 11 de septiembre. Muchos de mis compañeros de clase tuvieron mucha dificultad para conseguir trabajo después de graduarse porque la industria estaba paralizada temporalmente. Para entonces, yo ya había acumulado suficiente antigüedad para sobrellevar el despido que comenzó como resultado de los efectos persistentes del 11 de septiembre.

En 2006, ATA se declaró en quiebra y comencé a buscar un nuevo puesto. La base sólida y la experiencia que había cimentado en esos seis años de empleo me convirtieron en una candidata muy calificada para mi próximo puesto. Estaba completamente emocionada cuando presenté mi solicitud y obtuve el trabajo en Gary Jet Center.

VIDA DE UNA TÉCNICA DE VUELO

Quizás se pregunten qué hace una técnica de vuelo a bordo de un avión corporativo durante una misión de vuelo. Estoy a cargo del estado general de la aeronavegabilidad de la aeronave. Yo abordo cualquier problema mecánico experimentado durante el vuelo o en tierra. Preparo el avión para las salidas y me aseguró de que tengamos una carga de combustible precisa y de que todos los sistemas mecánicos funcionen correctamente.

Cuando un avión corporativo volaba al extranjero con tanta regularidad como lo hacía un Boeing en la era anterior al COVID-19, era lógico que un técnico estuviera a bordo. Todo el mantenimiento de rutina o de emergencia debe ser documentado en la bitácora de vuelo por un técnico de A&P y aprobado por la FAA. En países extranjeros, no siempre es fácil encontrar a alguien que pueda hacerlo legalmente ni que tenga la experiencia para trabajar en un jet personalizado tan complejo.

No volaba en el avión corporativo todo el tiempo, sino que tomaba un vuelo comercial un día antes de encontrarme con nuestro avión en el primer destino en el extranjero. Dado que técnicamente estoy "trabajando" cuando vuelo en el jet corporativo, tengo que planificar adecuadamente para no exceder el día laboral permitido de 14 horas. Necesito estar lúcida y lista para trabajar 14 horas si el avión llega con un problema mecánico. Llegar un día antes que el avión me permite superar el *jet lag* que resulta al cruzar varias zonas horarias y estar lista para trabajar. Después, normalmente abordo el jet corporativo y termino el resto del itinerario.

Realizar deberes en un país extranjero puede ser un desafío. Algunos de estos desafíos incluyen encontrar piezas de repuesto para la aeronave mientras se enfrentan las diversas diferencias culturales y las barreras del idioma. Cuando visito Arabia Saudita, por ejemplo, debo usar el hijab requerido y el atuendo tradicional. Los hombres sauditas no seguirán indicaciones de ninguna mujer, ni las mías. Debo tener a uno de nuestros miembros masculinos de la tripulación para ayudar a comunicar y dar instrucciones a los hombres sauditas en mi nombre.

Tenemos un grupo de unos cuarenta pilotos y veinte auxiliares de vuelo que veo en rotación. Después de un vuelo, tenemos una reunión y recopilo información de los pilotos sobre cualquier problema mecánico que hayan experimentado. También afronto cualquier problema a bordo, como la conectividad a Internet o cualquier problema adicional informado por nuestros asistentes de vuelo. Cada viaje es diferente en el sentido de que podemos tener un vuelo sin mantenimiento o uno en el que surgen numerosos problemas de mantenimiento.

A veces hay tiempo para recorrer nuestros increíbles destinos y explorar las diferentes culturas. Esto es lo que más amo de mi trabajo. Hay ciertos lugares que nunca me cansaré de visitar, como la Gran Muralla China. La sensación que tengo cuando me paro en una estructura tan grandiosa que se extiende por millas más allá del horizonte es impresionante.

MISIÓN A CHINA

En febrero de 2020, cuando el COVID-19 comenzaba a surgir, acababa de regresar de un gran viaje por China. Estábamos empezando a oír hablar del virus, pero me hicieron pruebas para estar seguros. Fue negativo, y me han hecho tres pruebas desde entonces con el mismo resultado. En estos días, los vuelos se han reducido drásticamente y los que se realizan son una pesadilla logística entre las restricciones del país, los requisitos de cuarentena y la dificultad de obtener documentos y visas de las oficinas del consulado que están cerradas aquí en los Estados Unidos.

Sin embargo, estoy feliz y orgullosa de haber participado en una misión increíble para traer de vuelta el Equipo de Protección Individual (PPE, por sus siglas en inglés) de China. Boeing donó los medios de transporte para recuperar más de 500.000 tapabocas y piezas de PPE que fueron asignadas para el estado de New Hampshire. Me ofrecí como voluntaria para la misión, en parte porque la cuarentena sería absolutamente obligatoria, y ese proceso sería mucho más fácil para mí en comparación con mis compañeros de trabajo que tienen familias.

Nuestros aviones no están equipados para carga, por lo que fue un desafío descubrir cómo colocar y almacenar de manera segura cientos de cajas de dos pies por tres pies (60x90 m) en nuestra cabina de pasajeros. Las colocamos en todos los lugares que pudimos: en las camas, en los baños y apilados en el techo de la cabina de aire. Yo estaba a cargo de que estuvieran seguros durante el vuelo a casa, siendo que nuestro avión no tenía el soporte o los puntos de anclaje comunes que normalmente están disponibles en un avión de carga. ¡Se necesitó planificación y creatividad para hacerlo bien!

Nuestro equipo, conformado por cinco personas, partió de Gary el 15 de abril y pasamos la noche en Anchorage, Alaska. Continuamos otras nueve horas hasta llegar a Shanghái, donde estaba nuestra carga. Los chinos estaban listos para nosotros, con su banda transportadora y equipo de carga mientras el avión estaba en rodaje. Teníamos el tiempo limitado porque todos los vuelos debían aterrizar y partir el mismo día. Trabajamos rápido y completamos la carga en menos de tres horas. Después volamos a la cercana Seúl y pasamos la noche. Llegamos a Manchester, New Hampshire, el 18 de abril, siendo recibidos con aplausos y saludos de los residentes, los políticos y los que patrocinaron e hicieron posible la misión. El viaje tuvo un total de 13.566 millas y casi treinta y cinco horas de vuelo, pero la mayor satisfacción que sentí fue mi orgullo de ser parte del equipo de Boeing que lo hizo posible.

Fue mi trabajo con Boeing lo que me llevó a recibir el premio a la próxima generación de los 40 futuros Técnicos de Mantenimiento de Aviación de menos de 40. Estaba en una playa en Italia cuando recibí la llamada informándome que había sido seleccionada para recibir el premio. Recuerdo contemplar el Mediterráneo reflexionando sobre mi carrera y lo maravilloso que ha sido el viaje. ¡Recientemente había marcado el país número 73 en mi lista! Todo porque una profesora me detuvo en el pasillo un día y me señaló este fascinante mundo del mantenimiento de aviones.

Es tan claro que los jóvenes necesitan esa tutoría y contacto con quienes puedan guiarlos y alentarlos. Muy pocas cosas se pueden comparar con ver un avión de cerca y sentarse en la cabina y tocar los controles. La emoción, el interés y la curiosidad que crea esta experiencia no tienen comparación. Siempre respondo a las invitaciones a asistir a ferias universitarias o reuniones donde puedo contarles a otros sobre lo que hago. Siento que para quienes nos dedicamos a la aviación es nuestra responsabilidad hacerlo.

Estoy segura de que más niños, y especialmente más niñas, decidirán seguir una carrera en esta apasionante industria llena de oportunidades ilimitadas si continuamos mostrándoles y ofreciéndoles estas posibilidades. Quizás algún día pueda iluminar el camino de alguien, como lo hizo la Sra. Maddock conmigo.

Es una gran carrera que se convierte en una vida emocionante, pero sobre todo... ¡nada se compara con trabajar por sobre las nubes!

Sandra Granados es la técnica principal de vuelo de BBJ en el Gary Jet Center que brinda apoyo a Boeing. Ella puede ser contactada a través del correo electrónico Sandra.granados@boeing.com.

JEANNETTE COLLAZO

POSICIÓN ACTUAL

Aspirante a aviador y presidente de Lurdez Consulting Group, Inc.

AVIÓN FAVORITO

Remos GX

Es el avión que me hizo amar la aviación.

CITA FAVORITA

"Dios, concédeme la serenidad para aceptar las cosas que no puedo cambiar, el valor para cambiar las cosas que puedo y la sabiduría para reconocer la diferencia" —Reinhold Niebuhr

DATOS CURIOSOS

Me encanta aprender cosas contradictorias, como el kickboxing y la meditación.

Un querido expresidente de los Estados Unidos nos dijo una vez: "No tienes nada que temer sino al mismo miedo". En el caso de la aviación, eso es muy cierto, al menos en mi experiencia. El miedo ha sido mi mayor obstáculo por superar en mi entrenamiento de vuelo, y aunque intentó jugar un papel importante en mi vida, finalmente lo superé.

Mi viaje para convertirme en piloto comenzó en un elegante avión deportivo blanco piloteado por mi amiga y compañera entusiasta de la aviación Jackie Camacho-Ruiz. Ella me había invitado a tomar un vuelo. No tuve ninguna duda. Pero de camino al aeropuerto, me llamó y me dijo que el vuelo había sido cancelado porque el avión necesitaba mantenimiento.

"Lo haremos en otra ocasión, Jeannette, no te preocupes", dijo.

Unas semanas más tarde, estaba en una fiesta de aniversario de la empresa de marketing de Jackie, JJR Marketing; ella estaba entregando unos premios, incluido un vuelo con ella, a la persona que adivinara cuántas veces había completado con éxito un despegue y aterrizaje. ¿Adivina quién ganó? No pude evitar pensar que esta afortunada coincidencia era una señal de que tomar un vuelo era algo que realmente necesitaba hacer.

DESCUBRIMIENTO Y REVELACIONES

El día de nuestro vuelo fue una hermosa tarde de un viernes de septiembre. El clima era tan agradable que Jackie incluso quitó las puertas del pequeño avión deportivo. Entonces, cuando el pequeño avión rugió por la pista y nos levantó en el aire, me invadió una sensación de euforia. Cuando vi que la tierra de abajo se convertía en una manta de retazos del paisaje, sentí una sensación extraña e inexplicable. Era como si la altitud hubiera tocado mi alma y me estuviera llamando para unirme a ella.

Estaba intrigada y un poco entretenida con mis sentimientos. ¿Yo? ¿Convertirme en piloto? ¿Qué me había metido esa idea en la cabeza? Supuse que la sensación pasaría y no tenía que preocuparme por eso ese día. Aterrizamos en un aeropuerto cercano y durante las bebidas y aperitivos del happy hour, la conversación se tornó un poco más íntima. Le confié a Jackie que acababa de terminar una relación de aproximadamente un año debido a la distancia.

"Bueno, si te conviertes en piloto, podrías partir la diferencia de distancias", dijo con un brillo en los ojos. Ella estaba bromeando. ¿Pero era una broma?

De camino a casa el cielo nos obsequió una gloriosa vista de la puesta del sol a tres mil pies (10 km) de altura. Mientras observaba el hermoso resplandor ámbar descender detrás del horizonte, decidí contarle a Jackie un secreto más.

—¿Sabes qué? Creo que voy a hacer esto. Creo que voy a aprender a volar.

—¿Qué? —Respondió Jackie, incrédula.

—Sí —dije, rindiéndome ante ese misterioso deseo que estaba sintiendo una vez más—. Me voy a convertir en piloto.

ENFRENTANDO EL MIEDO

Estar en un avión con Jackie era una cosa. Subir a un vuelo de descubrimiento con un instructor de vuelo que esperaba que tomara los controles la primera vez que subía, fue otra muy distinta.

Con la esperanza de reproducir la emoción que tenía con Jackie, organicé un vuelo de descubrimiento con el propietario de una pequeña empresa de aviación llamada Simply Fly en Aurora, Illinois. Me dijo de inmediato que cambiaríamos de asiento durante el vuelo, pero que él se encargaría de despegar y aterrizar. Me dio una escoba rota como instrumento de simulación para enseñarme cómo controlar la altitud del avión antes de subirme. De solo pensarlo, mi corazón se aceleró. ¿Era emoción? No, me di cuenta. Era miedo.

Cuando nos elevamos en el aire sentí aún más miedo. Cada pequeño tirón del avión me ponía los nudillos blancos. Este no era el sentimiento que quería tener; ¿por qué estaba tan asustada?

Me di cuenta de que no era la altitud, era la falta de control, y el hecho de poder tener el control.

Cuando fue mi turno de pilotear el avión, tomé los controles, tal como lo había hecho con la escoba durante mi lección en tierra. Pero esta vez mis manos temblaban, casi incontrolablemente. Sabía que el instructor no iba a dejar que sucediera nada, pero igual estaba aterrorizada. Todo tipo de pensamientos de temor pasó por mi mente. ¿Qué pasa si el instructor tiene un ataque cardíaco en el aire?

¿Cómo iba a aterrizar el avión? ¿Cómo podría convertirme

en piloto si tenía miedo cuando estaba en los controles y también miedo cuando no estaba en los controles porque en verdad no tenía el control?

Cuando regresamos a salvo al suelo, reconocí que mi sentimiento mágico se había transformado de alguna manera en una combinación interesante de miedo y deseo de ganar el control y conquistar ese miedo. No podría convertirme en piloto si no lograba controlar mi miedo. Si Jackie era como un ángel transmitiendo el mensaje de que debía convertirme en piloto, mi miedo era un demonio al otro lado diciéndome que me rindiera.

Pero mis sentimientos sobre volar no eran diferentes a mis sentimientos sobre mi vida y mi carrera. Ahora siento que tengo el control de ellos, pero no siempre fue así. En ocasiones, me he enfrentado a desafíos complejos al ser gerente de proyectos de IT, ya fuera una tarea particularmente difícil, o un conflicto con alguien de mi equipo. En mi vida he tenido que tomar decisiones difíciles y superar la adversidad del asma potencialmente mortal en mi niñez. Me tomó tiempo, fe, perseverancia y experiencia superar mi miedo en la vida y el trabajo, pero siempre pude hacerlo. Decidí que si había podido vencer esos miedos también podría vencerlos en la cabina de un avión deportivo.

Me analicé y me di cuenta de que, en el fondo, el impulso que había sentido por aprender a volar nunca se había ido. Entonces, comencé mi entrenamiento de vuelo y, mediante la repetición, mis instructores me desensibilizaron lentamente a todas las cosas que temía. Durante una lección, Jack no dejaba de decirme cómo íbamos a aprender a manejar un motor parado en el aire. La sola idea era tan aterradora que olvidé por completo mi miedo habitual al despegar.

Cuando llegó el momento de detener el avión, las mariposas en mi estómago regresaron. Entre las maniobras de la radio, la navegación y el mantenimiento de la altitud adecuada era demasiado que controlar a la vez. Sin embargo, tuve éxito, y si la gente me preguntara si lo pasé bien ese día, definitivamente habría dicho que sí.

DECIDIR SER VALIENTE

El miedo era mi mayor obstáculo, pero poco a poco se disipó con el candor de mi deseo de convertirme en piloto junto con las hábiles técnicas de instrucción de Jack. El siguiente gran obstáculo fue el volátil clima de Chicago. Fue difícil encontrar buenos días para practicar, y mucho menos a solas. Me dijeron que estaba lista para hacer mi solo en octubre de 2019. Finalmente nos pusimos de acuerdo para noviembre. Después, una serie de eventos de la vida, junto con el mal tiempo y luego una pandemia, me impidieron programar un vuelo solitario. Parece que me pusieron en espera por un tiempo.

Cuando el estado de Illinois dispuso el aislamiento de emergencia por el COVID-19, hice todo lo que se suponía que debía hacer para protegerme. Trabajé de forma remota con mis clientes y me quedé en casa. Debido a mi condición asmática, tenía un sistema inmunológico comprometido y mi médico me recomendó que no saliera. Incluso me entregaron todas mis provisiones y suministros. Pero no podía dejar de pensar en volar.

A fines de abril, por un capricho, llamé a la escuela de vuelo y les pregunté si aceptaban a gente para los vuelos en solitario. ¡Ellos contestaron que sí! Ahora estaba dividida entre las indicaciones de mi médico y mi deseo de completar este importante paso en mi formación.

El 5 de mayo, un día antes de mi cita tentativa para mi vuelo solitario, sucedió algo que cambió mi actitud sobre todo. Estaba sola en casa y estaba sacando algo de mi armario. Estaba estirando la mano y sacando una bolsa del estante superior cuando choqué accidentalmente con mi nebulizador, que uso para tratar mi asma. El aparato de ocho libras (3,5 kg) se cayó del estante a gran velocidad y aterrizó en mi cabeza con tanta fuerza que pensé que me iba a desmayar. Mi cabeza palpitaba y sentí que mi cráneo se iba a desprender. Llegué al congelador y me puse una bolsa de hielo en la cabeza. Durante los siguientes diez minutos, tuve un terrible dolor de cabeza.

Cuando me sentí un poco mejor, llamé al médico. Me pidió que revisara mis síntomas y me dijo que no necesitaba ir al médico, pero sí descansar, al menos durante 24 horas.

Mientras estaba recostada en el sofá sosteniendo la bolsa de hielo, me di cuenta de algo. Aquí estaba, en mi casa, tratando de protegerme de un virus y esta máquina podría haberme matado. Entonces decidí que no viviría mi vida con miedo. Prefiero arriesgarme afuera en el mundo, haciendo lo que amo, que morir en mi propia casa por un extraño accidente.

A la mañana siguiente, me desperté sintiéndome mucho mejor y con un espíritu renovado y una hermosa energía recorriendo mi cuerpo. "¡Hoy es el día!", pensé.

Revisé el horario y los calendarios de mi instructores, estaban disponibles, lo cual fue una gran sorpresa para mí porque siempre están reservados. Luego tuve que decidir cuál era el instructor con el que haría mi solo. Decidí hacerlo con Jack, ya que él era el instructor que me había ayudado a superar muchos de mis miedos. Como él diría: ¡Me desensibilizó! Una vez me lo había dicho; nunca había visto a alguien a quien le asustara tanto volar llegar hasta el final a hacer un solo. Yo estaba determinada a hacerlo. Y estaba lista.

Era un día hermoso, hacía unos 50 °F (10 °C) y sin viento. Jack me llevó al aeropuerto de la cercana Hinkley, que tenía césped en lugar de una pista de cemento. Eso me desconcertó al principio, pero hice varias pruebas de práctica antes de que fuera mi turno de hacerlo sola.

Luego estuve en la cabina, solo yo, con mis piedras especiales para darme la energía y una medalla de un ángel y santo para vigilarme. Tuve un despegue hermoso y di tres vueltas hasta estar cerca y tener todo listo para mi aterrizaje. Descendí suave y metódicamente, acercándome más y más a la pista cubierta de musgo, hasta que, de repente, estaba de vuelta en el suelo, sana y salva.

¡LO HICE!

Tengo un video en Facebook donde me pueden ver saliendo del avión y saltando de alegría. Estaba loca de emoción. Jack se regocijó conmigo. Estaba tan orgulloso.

Y ahora debo continuar el viaje. Soy una empresaria y no planeo seguir una carrera como piloto, pero siento que ser piloto tiene un propósito muy importante en mi vida que aún no se me ha sido revelado. Siento que me han guiado por este camino, a pesar de mi miedo, así que estoy segura de que hay un propósito significativo detrás de todo esto.

Soy un amante de los perros y vi un cartel de pilotos voluntarios para ayudar a transportar perros que necesitan ser rescatados. Quizás ese sea mi futuro en la aviación.

No juego al golf, pero ahora puedo llevar a mis clientes a volar en avión.

Quizás eso esté en mi futuro en la aviación.

Muchas chicas jóvenes no se dan cuenta de lo maravillosa que es la aviación. Quizás exponerlas a la aviación y servir como piloto mentora esté en mi futuro.

Independientemente de lo que se cruce en mi camino, sé que la aviación me ha convertido en una persona más valiente y fiel. Y esa es una habilidad que se traduce también en mi vida personal y profesional.

Jeannette Collazo es oradora motivacional, aviadora y presidente de Lourdes Consulting Group, una empresa de gestión de proyectos de IT. Ella puede ser contactada a través de jeannettecollazo.com.

POSDATA COVID-19

He tenido la suerte de que el COVID-19 me haya impactado más positiva que negativamente. Tengo la bendición de tener un trabajo que puede hacerse desde casa y he prestado un servicio esencial para ayudar a las empresas a hacer la transición de sus empleados para que puedan trabajar desde casa más fácilmente. He tenido más tiempo para pasar con mi perro y mi familia. He podido llamar a mi mamá todos los días y concentrarme en las cosas que más importan en la vida.

He desarrollado una apreciación aún mayor de nuestra tierra y he comenzado a reciclar con más regularidad. La cuarentena también nos ha ayudado a tomarnos un tiempo para pensar en los demás y orar por ellos. Al final de todo esto, cuando podamos volver a vernos en persona para trabajar y divertirnos, sé que resurgiremos como personas con una mejor comprensión de lo que realmente importa en la vida.

ACERCA DE LA AUTORA

JACQUELINE S. RUIZ

Jackie es un empresaria visionaria que ha creado una empresa de motivación. Su agudo sentido del servicio junto con la visión de traer el bien al mundo la han llevado a crear dos empresas ganadoras de premios exitosos, establecer dos organizaciones sin fines de lucro, publicar 17 libros, crear muchos productos y ha realizado docenas de eventos alrededor del mundo en la última década.

A menudo se le conoce como un "personaje atrapa sueños" ya que sus estrategias han ayudado a miles de mujeres, escritoras y jóvenes a vivir una vida con significado. La búsqueda de Jacqueline de ser una líder del servicio a otros se extiende a cada área de su vida. Ha compartido su inspiración en cuatro países y se ha alineado con algunas de las marcas más poderosas para elevar a otras. Con solo 37 años de edad, ha logrado lo que la mayoría no haría en toda su vida. El haber sido una sobreviviente de cáncer provocó una sensación de urgencia por servir y trascender.

Jacqueline cree que magix (sí, una palabra inventada que significa magia x10) es la interceptación entre beneficio e impacto.

"Despegar es opcional, aterrizar en tus sueños es obligatorio"
—Jacqueline S. Ruiz